SHODENSHA
SHINSHO

業界だけが知っている「家・土地」バブル崩壊

牧野知弘

祥伝社新書

はじめに　不動産バブルって、何ですか？

最近、いろいろなメディアや業界関係者から、「不動産はそろそろバブルなのではないか」といった質問や同意を求められることが増えてきました。

その時、私が必ず返す逆質問があります。

「不動産バブルって何ですか？」

専門家である私から、こんな逆質問を受けるとは想定していない記者さんや業界人の方は一様に驚き、返答に困ってしまう人がほとんどです。

都心のオフィスビルが数年前よりも大幅に値上がりしている。マンション価格が高騰している。大手デベロッパーが都心再開発に奔走《ほんそう》している。外国人投資家が日本の不動産を買いまくっている。これらの事象を取り上げて不動産は「バブっている」と言いたいのでしょうが、私から見れば「そりゃまたけっこうなことではございませんか」というセリフしか今のところは思い当たりません。

みんなが、不動産は今後も値上がりする、と考えていれば、実際に不動産価格が上がっていくのは資本主義の鉄則です。しかし、みんながそのように考える裏づけが何であるかを考えることが、不動産が本当にバブルであるかを判断するためのアプローチです。

「では、どのくらい上がったらバブルなのですか？」

この質問にも多くの人が、明確に数字をもって答えられません。それでもバブルだと感じる理由は何なのでしょうか。

本書では「不動産バブルとは何か」という、なかなか回答するのにやっかいな究極の質問にあえて挑んでみることにしました。そして現在の状態をバブルとするのか、バブルであればどんなバブルで過去とはどう違うのか、みんながいうバブルが崩壊したら日本はどうなってしまうのか、私なりに回答を試みてみました。

そしてその考察の中から新しい不動産価値を見出《みいだ》せればと思っています。どうぞよろしくお付き合いください。

２０１８年2月

牧野《まきの》知弘《ともひろ》

目次

おわりに

写真提供／共同通信社

第1章

不動産は、なぜ上がっているのか

～上がる場所には理由がある

三大都市圏から地方都市へ、止まらぬ地価上昇

ここ数年、不動産マーケットが活況を呈《てい》しています。

日本の不動産は平成初期に「バブル崩壊」と呼ばれたように、全国的には1992年（平成4年）頃をピークとして下落に転じました。

その後、「ミニバブル」あるいは「不動産ファンドバブル」といわれた2006年から2008年までの数年に、一時的に不動産は値上がりを見せたものの、リーマン・ショックの勃発《ぼっぱつ》からふたたび「下げ」に転じました。

不動産は日本の景気の低迷と軌《き》を一《いつ》にするように下がり、これまでの「不動産神話」は崩壊しました。企業でも不動産はなるべく保有せずに切り離し、バランスシートを極力軽くする経営が持《も》て囃《はや》されるようになりました。

ところが2012年（平成24年）12月に第二次安倍晋三政権が発足すると、大幅な金融緩和政策がとられ、市場に流れ出た大量のマネーが不動産に流れ込むようになりました。本来金融緩和政策というのは、市場に潤沢にマネーを供給することで、企業の設備投資を促《うなが》す。その結果として景気が良くなり、モノやサービスが売れる。そ

こで生まれた利潤が最終的には勤労者などの消費者に流れ、結果として消費を活発化させるという好循環を生み出すことにあります。

ところが、今の日本では大企業を中心にその稼ぎの多くが海外で発生しています。人口が減少し、年齢構成が高齢化に突き進む日本国内に、多くの需要は期待できないからです。こうした環境下で、企業はひたすら、稼いだカネを借入金の返済に充《あ》て、人件費も非正規社員の割合を高めていくことで負担を軽減し、残ったカネを「内部留保」として蓄《たくわ》え続けてきました。

つまり、市場に供給されるマネーが銀行に入ってきても、肝心の企業側は国内に多くの設備投資需要があるわけでもなく、ましてや内部留保は潤沢でおカネは借りなくてもいくらでもある、というわけで、金を借りてくれという銀行の流し目にも見向きもしないのです。

じゃぶじゃぶになったマネーの運用先は、ふたたび不動産へと向かったのです。

それでも平成バブル期のように、企業がおカネを借りて不動産投資をやりまくるという時代ではありません。いっぽうで戦後70年が経過して、国内のオフィスビルや公共施設などの建物の老朽化による建て替え需要、都心居住の進展による都心再開発などを行なうデベロッパーやビルオーナーには多くの資金需要がありました。

また、証券化の手法を通じて不動産は金融と深く結びつくようになったために、REIT《リート》（不動産投資信託）などの器《うつわ》を通じて不動産に多くのマネーを供給することが可能になりました。

国民が高齢化すれば、富裕層を中心に「資産防衛」の動きが活発化します。不動産投資は相続税などの「節税」ニーズを膨《ふく》らませることになり、ここにもマネーが流れ込んだのでした。

不動産は、前回のバブル時とは異なり、かなり限定的なセクターに対してマネーが流れ込むことによって、ふたたび上昇への道を歩み始めたのです。

では、どれほど不動産価格＝地価が回復しているのか、公示地価ベースで見てみましょう。

リーマン・ショックが生じた直後の２００９年、東京都区部の住宅地価は対前年比で８・３％も下落していました。ところが、２０１３年には対前年比でほぼ横ばいとなり、地価は下げ止まります。そして２０１３年を境に地価は上昇に転じ、２０１７年には前年比３％の上昇を記録するようになります。【図表①】

商業地においても２０１４年から地価は上昇に転じ、大阪市では２０１７年公示地価ではなんと対前年比９％の激しい上昇を記録しました。東京銀座の山野楽器前の公示地価が１㎡あたりで５０００万円を超え、平成バブル期の水準になったことも話題となりました。【図表②】

こうした動きは東京都区部のみならず、大阪市や名古屋市といった大都市でも顕著な傾向を示し、最近では「地方四市」とも呼ばれるようになった札幌、仙台、広島、福岡といった都市にも波及しています。住宅地では仙台市が対前年比で10％以上の上昇、商業地でも福岡市が20％以上の上昇を記録するなど、地価はちょっとした「お祭り」状態にあるといえます。

景気回復がそれほど感じられないのにもかかわらず、不動産は「上がっている」。平成バブル期のように国民全員が浮かれているわけでもないのに、不動産は「上がっている」。これが今の不動産なのです。

図表① 三大都市公示地価推移（住宅地：対前年比）

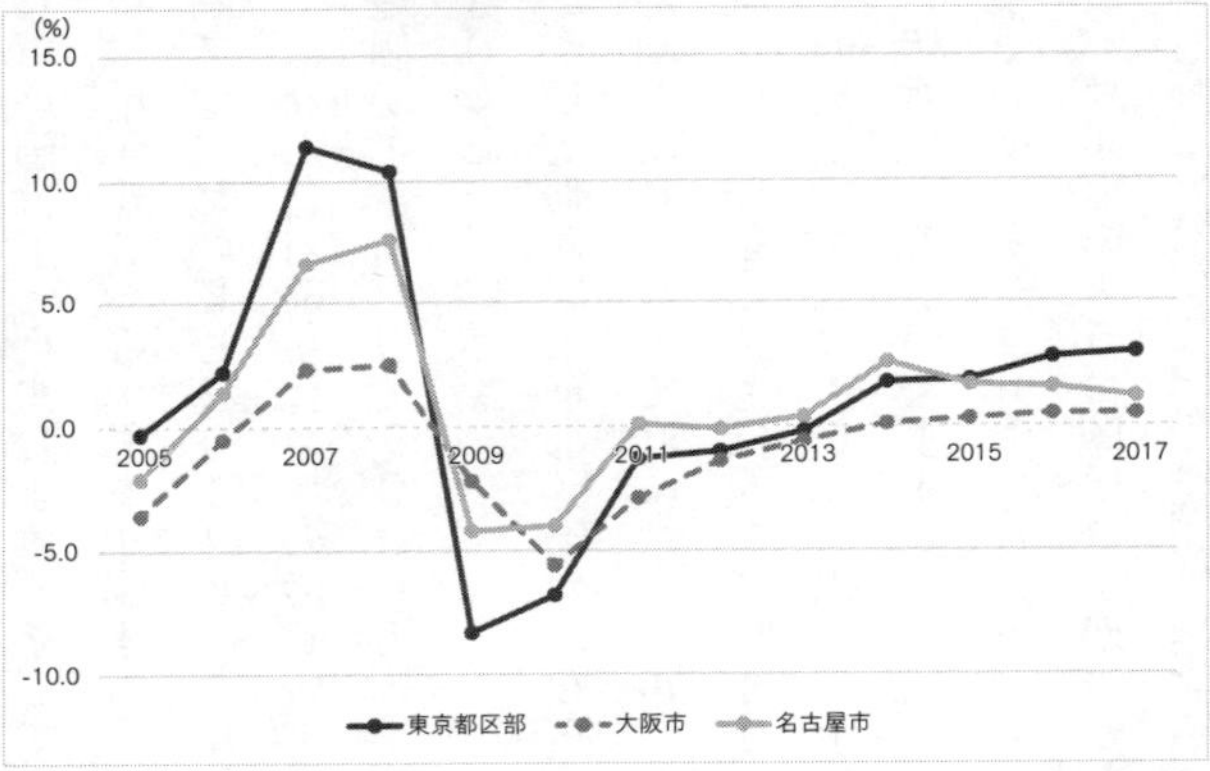

出典：国土交通省

図表② 三大都市公示地価推移（商業地：対前年比）

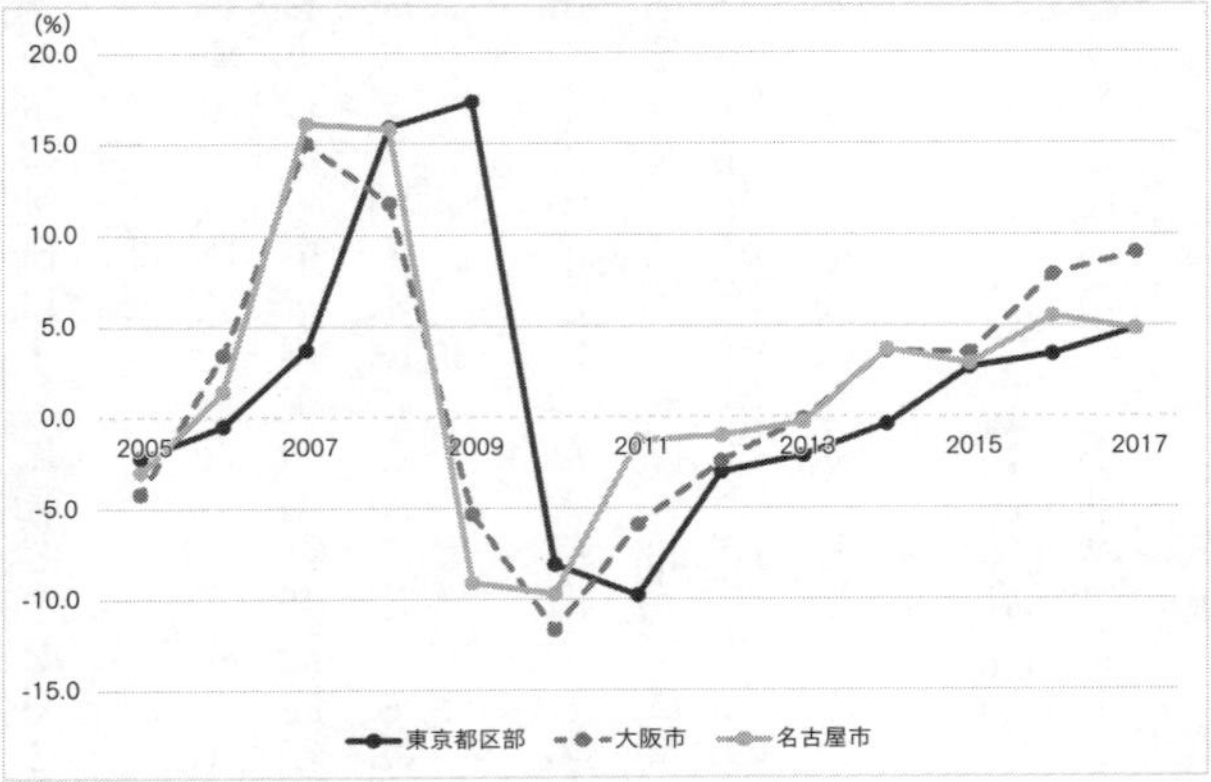

出典：国土交通省

「都心」「ターミナル」「駅近」が、最強のマンション

私たちが一般的に不動産と接することができるのは、今や国民の一般的な居住スタイルともなったマンションの価格の点からでしょう。

ここ数年で分譲されたマンションの中で売れ行きなどが良くて、市場の話題となる物件のポイントは３つです。

まずは「都心」の物件であること。平成初期の頃までは、都心の地価は高く、私たちは住宅を求めて郊外へ郊外へと居住地を拡散していきました。郊外では続々とニュータウンといわれる住宅団地が造成、開発され、また郊外部でも駅周辺に大規模なマンションが多数建設されてきました。

しかし現在ではこうした郊外のマンションはまったく人気がありません。あたりまえですが、郊外は自然環境などがよいものの、都心への通勤通学には不適であるからです。

逆に湾岸エリアなどを中心に、都心でも比較的リーズナブルな価格のマンションが大量に供給されるようになったために、「環境よりも利便性」を重視する今の働き世

代は圧倒的に「都心」を選択するようになったのです。

では都心ならばどこでもよいのでしょうか。都心に住むといって思い浮かべるイメージは世代によって違いがあるようです。現在の60歳代以上の世代では、東京でいえば23区内などが該当するようです。たとえば杉並区や練馬区、大田区といった区は、この世代の人たちが住宅を買い求めた時代は、価格があまりにも高く、遠い存在でした。ところが最近ではこれらの区でも、駅からバスに乗っていくような住宅地に建つマンションはあまり人気がないといいます。とりわけ東京は地方と異なり、通勤は電車が基本。つまり住宅選びは「利便性」が圧倒的に重視されるようになっているからです。したがって、都心の中でも人気のあるエリアは行政区とは関係なく、鉄道路線との利便性の良さでマンションが選ばれる傾向になっています。

ここで「利便性」という場合に大切なのは、駅からの距離であることはいうまでもありません。しかし、最近の傾向としてもう一つ顕著であるのが、その「駅」に対する評価です。

以前は鉄道の「駅近」であればマンションは「買い」といわれました。もちろん毎日の通勤や通学を考えれば「駅近」は絶対的な条件ですので、その法則自体に変わりはありません。

しかし、最近では不動産価値を維持向上させるマンション立地のキーワードは、その駅に複数の鉄道路線が入り込んできているかどうかにある、といわれます。いわゆるターミナル駅が人気のポイントとなっているのです。

ではなぜターミナル駅が人気なのでしょうか。複数路線が入り込むターミナル駅では、駅前には商業施設や公共施設、オフィスなどが集積し、昼夜を問わず一定の人々が出入りをします。

多くの人々が出入りすることは、街としての「新陳代謝」が活発であることを指《さ》します。駅周辺が単なるベッドタウンではなく、このように多くの人々が出入りすることで不動産取引が活発になるのです。

不動産は「出入り」が激しいエリアほど「値上がりする」といわれます。どういうことかというと、人が街にやってくると不動産を買ったり借りたりします。新しく入ってくる人は家具を買います。積極的に外に出て、街の探検を始めます。食事もします。買物もします。つまり街の消費活動が活発になるというわけです。

出ていく人がいて、入ってくる人がいる、この一定数の出入りは街全体の活力を維持するのに役立つのです。

最近、首都圏でも人気のマンションはターミナル駅周辺のタワーマンションだといわれるのは、こうした理由からです。

川崎市にある武蔵小杉《むさしこすぎ》駅周辺は、90年代初頭まではNECや富士通などの工場が立地する、住宅地としては必ずしも評価されない街でしたが、今や東急東横線、JR横須賀線、南武線が交錯する駅としてタワーマンションが林立し、マンション価格がうなぎ上りになる街として注目されるようになりました。

ここに住み、お洒落《しゃれ》な物販店や美味《おい》しい飲食店をエンジョイする30代、40代の女性は「ムサコマダム」と呼ばれる憧《あこが》れの存在となっているようです。

同様に、東京の目黒《めぐろ》駅では2016年に分譲された大手デベロッパーの総戸数約600戸のタワマンが、坪当たり価格6000万円超という、当時の周辺相場の1・5倍の値段で完売しました。目黒駅がJR山手線のほか、東急目黒線から東京メトロ南北線や都営地下鉄三田《みた》線に接続し、都心への利便性が飛躍的に向上したことも人気に拍車をかけました。

また従来の感覚からけっして「都心」とはいえないような「清澄白河《きよすみしらかわ》」「押上《おしあげ》」「北《きた》千住《せんじゅ》」といった東京の東部地区のターミナル駅周辺や、「立川」や「海老名」といった、郊外の中でもターミナルを形成している駅周辺のマンションで人気が高い傾向にあることが、最近の販売傾向からも窺《うかが》い知ることができます。

マンション価格が値上がりするわけ

それでも、こんな疑問が聞こえてきそうです。

最近マンションはみんな激しく値上がりしていて、エリアだとかターミナルとかは関係ないのではないか。このままではマンションは庶民には手の届かない存在になってしまうのが問題であって、買えるならばどこでもよいのでは、といった疑問です。

実際にマンションの販売価格が上昇していることは事実です。不動産業界のコンサルタントを行なう民間会社・不動産経済研究所の調査によれば、首都圏（東京・神奈川・

千葉・埼玉）で供給されるマンションの分譲価格は２０１７年で戸当たり５９０８万円にもなっています。第二次安倍政権が発足した年である２０１２年で４５４０万円。この5年弱の間にマンション価格は30％もの値上がりを示しています。【図表③】
マンション価格が上昇するのは不動産価格の値上がりを意味しているので、マンションを買う予定のある人にとっては、焦《あせ》りが出るのもわかりますが、もう少し冷静に分析してみましょう。
実は最近分譲される新築マンションは、「原価が高い」というのが、価格が高いということに対する一つの解《かい》なのです。２０１２年当時のマンション建設コストは建物坪当たり80万円台半ば程度でした。現在は物件の内容にもよりますが、坪当たり１１０万円から１２０万円というのが実態ではないでしょうか。つまり建設費はこの5年間で約４割程度も値上がりしているのです。
マンションの販売価格における土地と建物の割合はおおむね3対7から2対8程度ですので、土地代が10％程度の値上がりだとしても、建物代が40％も上がってしまうと、土地建物合計で30％以上値上がりすることになり、理屈としてはまったく「理《り》に

図表③ 首都圏マンション販売価格と1㎡当たり単価の推移（2012年～2017年）

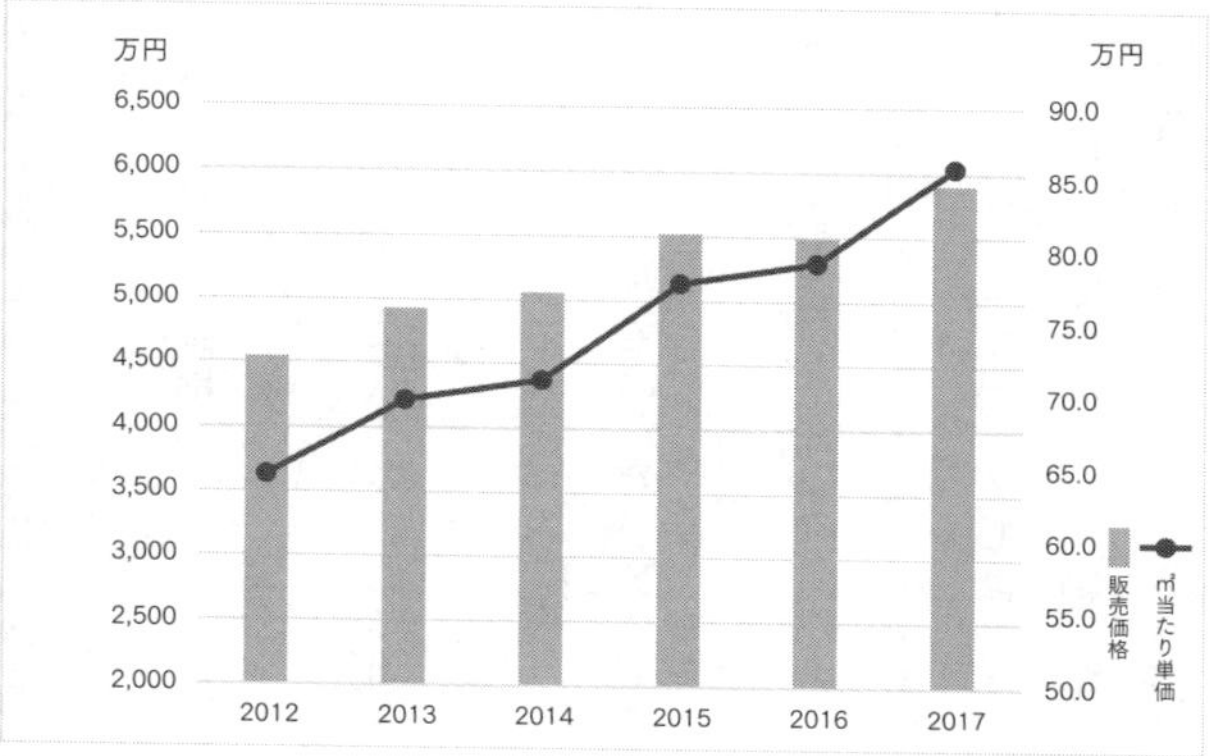

出典：不動産経済研究所

適《かな》う」というのが、現在のマンション価格なのです。

また不動産経済研究所のデータは、その時点において供給されているマンションの販売価格を集計して市場動向を発表しているものです。マンションの立地は千差万別。都心のマンションであれば、土地代も当然高くなり、全体の販売価格に上乗せされます。さらに人気の都心タワマンなどでは、「売れる」と見込んだデベロッパーが利益を大幅に上乗せしているために、販売価格はさらに高くなります。

つまり統計的には、都心においてマン

ションの供給が増えるということは必定《ひつじょう》、全体の販売価格を押し上げることにつながるのです。

以前はマンション価格が上がるのはそれだけマンションを買いたい人が増えている、つまり需要が増加していることで説明できました。ところが、現在は、必ずしも需要が増えていることでマンション価格が上昇しているわけではないことに留意が必要です。

実際に首都圏でのマンション供給戸数の推移を調べてみると、2012年には4万6502戸供給されていたのが2017年で3万5898戸と23%も減少していることがわかります。

ちなみに、私が以前三井不動産というデベロッパーに在籍していた2005年当時までは、首都圏におけるマンション供給戸数はおおむね年間8万戸から9万戸というのが業界における「常識」でした。

また、供給をしているからといってそのすべてが「売れている」わけではないところにも注意が必要です。2017年12月末現在のマンションの月間完成在庫は710

6戸、５年前に相当する２０１２年12月末時点での販売在庫数５３４７戸に比べると約32％も増加しています。供給戸数が減るだけでなく在庫も増えているのが実態なのです。

こうした意味で、マンションが必ずしも「売れまくっている」という一部の報道は事実ではありません。しかし、今のマンション販売は必ずしも居住用に購入する実需層のみで成り立っていないことも事実です。

特に都心湾岸エリアなどに立地するタワマンは、相続税の節税を狙った高齢富裕層や中国や台湾といった外国人の投資家が投資目的で購入するニーズが複雑に入り混じっているため、人気物件では価格が跳ね上がっています。

航空母艦オフィスビルが乱立する都心５区

今、東京都心を歩くと、数多くの工事現場にクレーンが林立し、建設の槌音《つちおと》がこだまする光景を随所で目にすることができます。

東京都内は２０２０年にオリンピック・パラリンピックが開催されるのだから、関連する工事が多いのだろう――多くの人はそう感じるかもしれませんが、実は五輪施設関連の工事は、国立競技場の新設などの大型工事はいくつかあるものの、都心部にそれほど競技施設が新たに建ち並ぶわけではありません。

建設されている多くは巨大なオフィスビルです。

森ビルの調査によれば、2016年から五輪が開催される2020年までの4年間に都内では88棟、面積にして約473万㎡の大規模ビルの供給が予定されています。大規模ビルとは森ビルの定義によれば1棟の床面積が1万㎡（約3000坪）以上のビルを指します。【図表④】

これから東京五輪開催までに年平均で118万㎡のオフィスが都内で新たに誕生することになるのです。

この年間118万㎡という供給量は、平成バブル期といわれた平成初期の頃の供給量にほぼ匹敵する大量供給といえます。平成バブル期と異なるのは供給棟数の違いにあります。

1989年から92年までの4年間のオフィス供給量は426万㎡で、2016年からの４年間の供給予定面積とほぼ一緒です。ところがこれを棟数で比較するとこの期間中の棟数は１６１棟にも及びます。つまり、平成バブル期は１棟平均２万６４６０㎡（約８０００坪）だったビルの規模が、今後４年間で建設されるビルは平均で５万３７５０㎡（約1万６２６０坪）と約2倍の規模に膨らむことになるのです。

さらに特徴的なのは、今後供給が予定されているビルの約70%が都心３区（千代田、中央、港）で建設が予定されていることです。

現在東京都心のオフィス市場は活況を呈していて、空《あ》きがほとんどないともいわれます。実際にオフィス仲介の大手・三鬼商事の調べでは都心５区のオフィスビルの空室率は２０１７年末段階で３・０%程度、業界では空室率が４%台になると「完全な売り手市場」といわれる中、３%かつかつという数値はやや異常な状態とも受け取れます。

また同じく森ビルの発表によれば、都心3区で新たに供給されるオフィスビルのうち約70%相当が、既存ビルの建て替えによるものだといいます。

つまり今後、大量供給は予定されているものの、その中身は老朽化した既存ビルの建て替えが中心であるから、オフィス床が大量に余ることはなく、市場では十分に吸

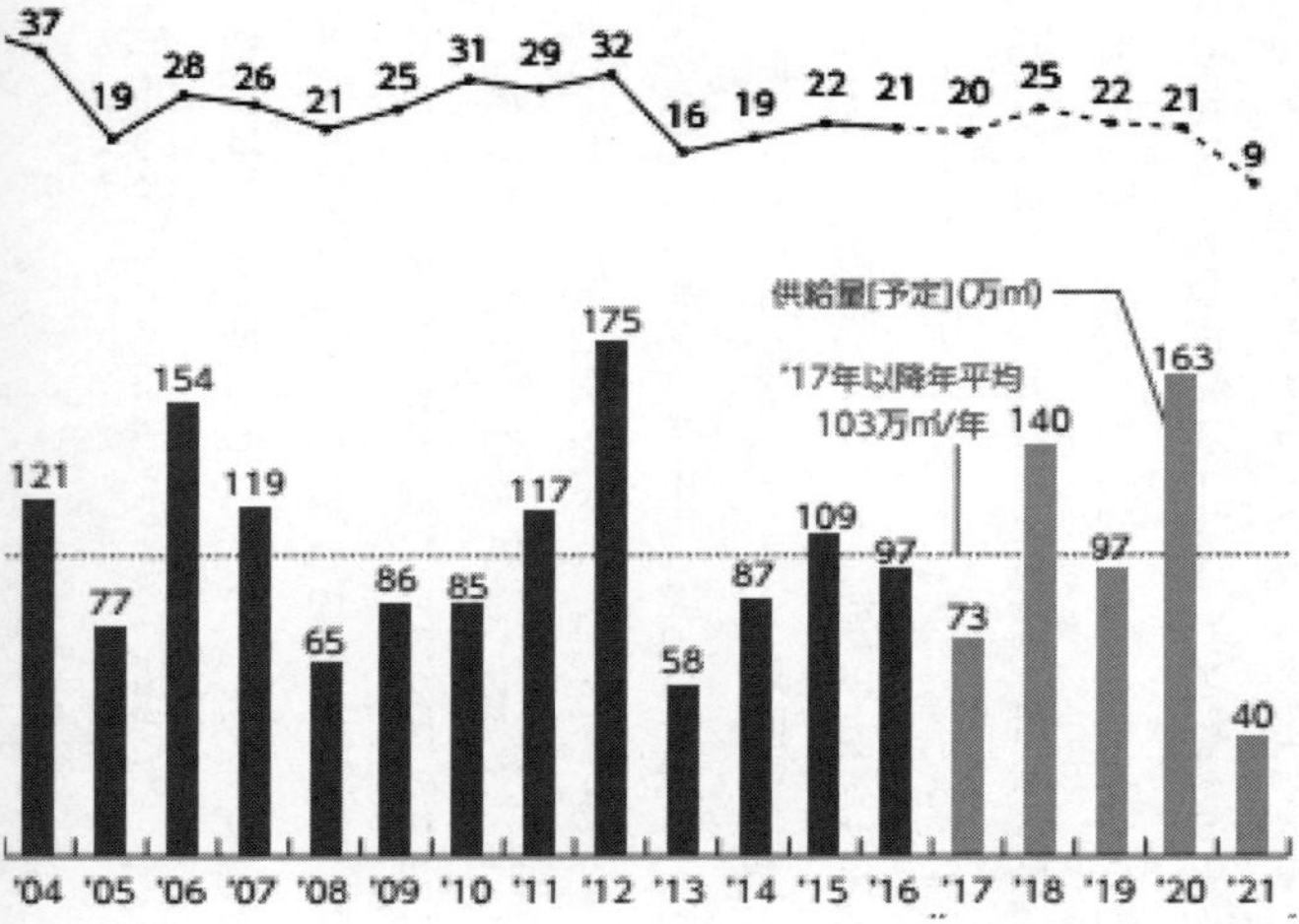

出典：森ビル

収できるということです。

さらに国や東京都では、今後東京をアジアの国際金融センターにする構想もあります。東京に多くの外資系金融機関を呼び込むために、国家戦略特区を設定し、法人税の減免や会社設立手続きの簡素化、外国人メイドなどの受け入れを認めるといった趣旨で制度整備を行なおうというものです。

たしかにこれまで日本では、グローバルマーケットでSクラスと呼ばれる大規模で設備機能

図表④ 東京都内における大規模ビル供給推移

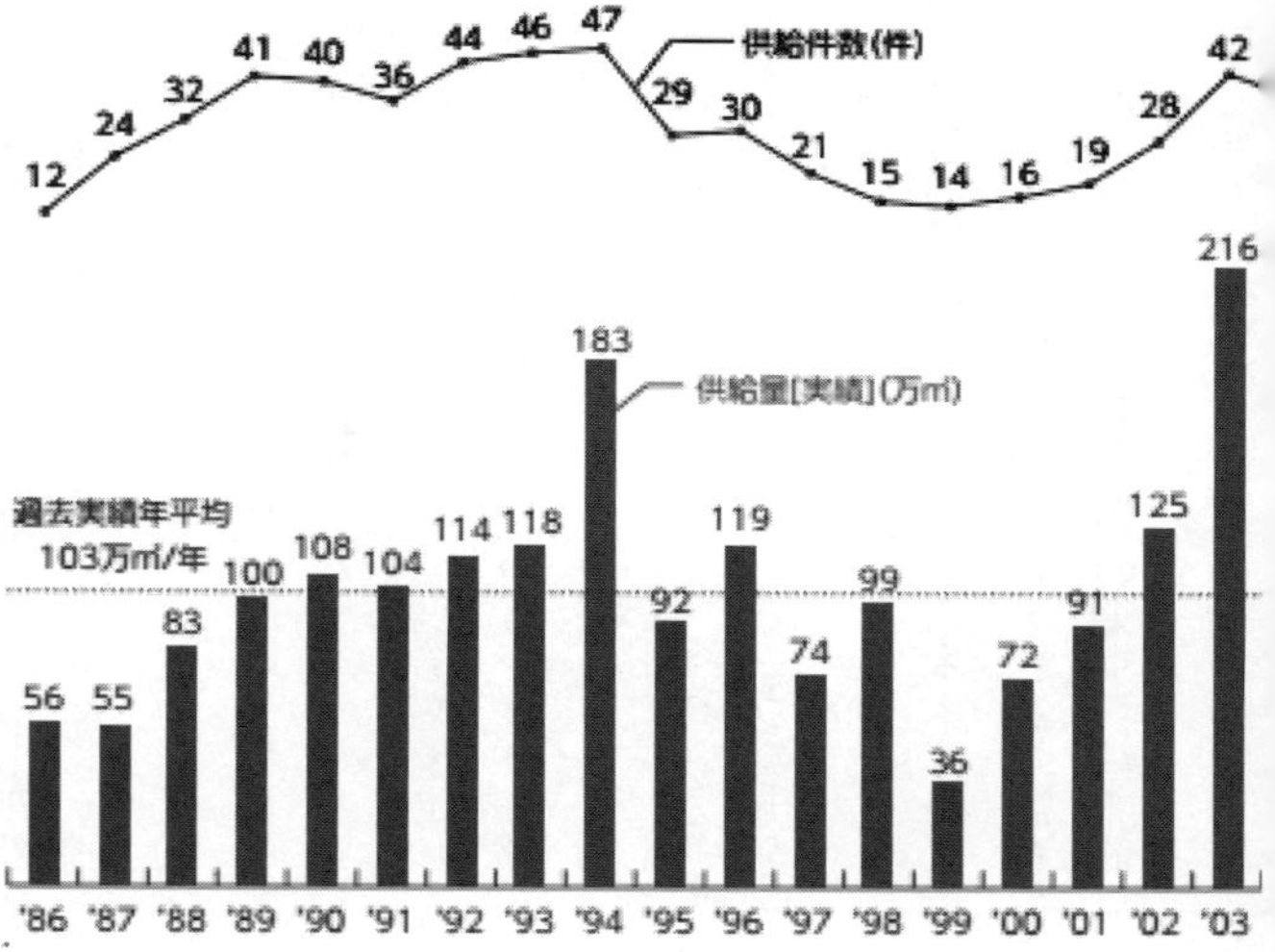

が充実したオフィスビルが不足してきました。私がREITの運用会社の社長をしていた2000年代後半、IR（Investor Relation）という投資家向けに自らのREITの状況を説明するイベントがあり、ニューヨークやボストンにある投資家のオフィスを訪ねると、彼らが入居しているオフィスビルの規模の大きさや絢爛《けんらん》豪華といってよいその内外装に圧倒されたものです。

これから都心で建ち上がるオ

フィスビルの多くが、Sクラス、つまり航空母艦のような威容を誇る巨大ビルたちなのです。賃貸オフィス、貸事務所の大手・三幸エステートの定義によれば、日本のオフィス市場では、ワンフロアの貸付面積で20坪以上50坪未満を小型ビル、50坪以上100坪未満を中型ビル、100坪以上200坪未満を大型ビル、そして200坪以上を大規模ビルとしています。

ところがこれから東京都心で供給を予定しているオフィスビルの多くが、ワンフロア当たりの貸付面積が数百坪から1000坪を超えるような物件ばかりというのが実態です。

さらにこれらのビルにはオフィスのみならず住宅やホテル、商業施設や美術館、ホールなどが併設され、建物だけで一つの街を形成するようなビルが続々と誕生を予定しています。

すでに都内では六本木にある六本木ヒルズ森タワーや東京ミッドタウン、虎ノ門にある虎ノ門ヒルズなどが複合ビルとして話題をさらっていますが、こうしたビルが林立して迎えるのが2020年の東京五輪開催なのです。

ルです。

ホテル用地獲得大作戦

東京だけでなく、日本の地価を押し上げるのに少なからず貢献しているのが、ホテル開業ラッシュとなっています。

東京銀座では２０２０年の東京五輪を目指してちょっとしたホテル開業ラッシュとなっています。２０１７年10月に開業した「ホテル・ザ・セレスティン銀座」(銀座日航ホテルの跡地に建設)をはじめ、ハイアット系列の高級ブランド「セントリック」、マリオット系列の「エディション」など、これまで日本ではあまりなじみのなかったブランドまで含めて、大量供給が予定されています。

またこうした動きは五輪を控える東京のみならず、名古屋、大阪、札幌や福岡、沖縄といったところにも及んでいます。

ホテル開業ラッシュの背景には東京五輪の開催があることは間違いありませんが、開催地の東京以外でもホテル開業ラッシュとなるのはなぜでしょうか。

訪日外国人（インバウンド）の急増です。東日本大震災のあった２０１１年にはわずか６２１万人程度だったインバウンド数は、２０１７年には２８６９万人とわずか

6年の間に4・6倍にもなっています。東京五輪はもう少し先の話ですが、今の日本は五輪の開催とは無関係に多くのインバウンドが訪れる国へと変貌を遂《と》げたのです。【図表⑤】

インバウンド急増に気を良くした政府も従来の2020年に2000万人としていた目標を4000万人、2030年には6000万人に大幅上方修正を行ないました。インバウンドは海の向こうからやってくるので、当然ホテルにおける宿泊需要を喚起します。東京や大阪といった大都市では需要増に客室供給が追いつかず、客室稼働率は、業界ではほぼ「満室」とされる85%を超え、客室単価が大幅に上昇する現象が起こっています。どんどん増え続ける需要に応じるには新規のホテル建設は必須、ということになったわけです。

実はホテルは不動産業界の間では長らく「儲からない業種」の筆頭格でした。ホテル事業は、「宿泊」「宴会」「料飲」という3つの部門から成り立っています。

このうち「宿泊」は出張や観光でやってくる顧客からいただく宿泊料が収益源。「宴会」は地元の企業の会合や商品発表会、個人の婚礼などに大伽藍のような宴会場

図表⑤ 訪日外国人数推移

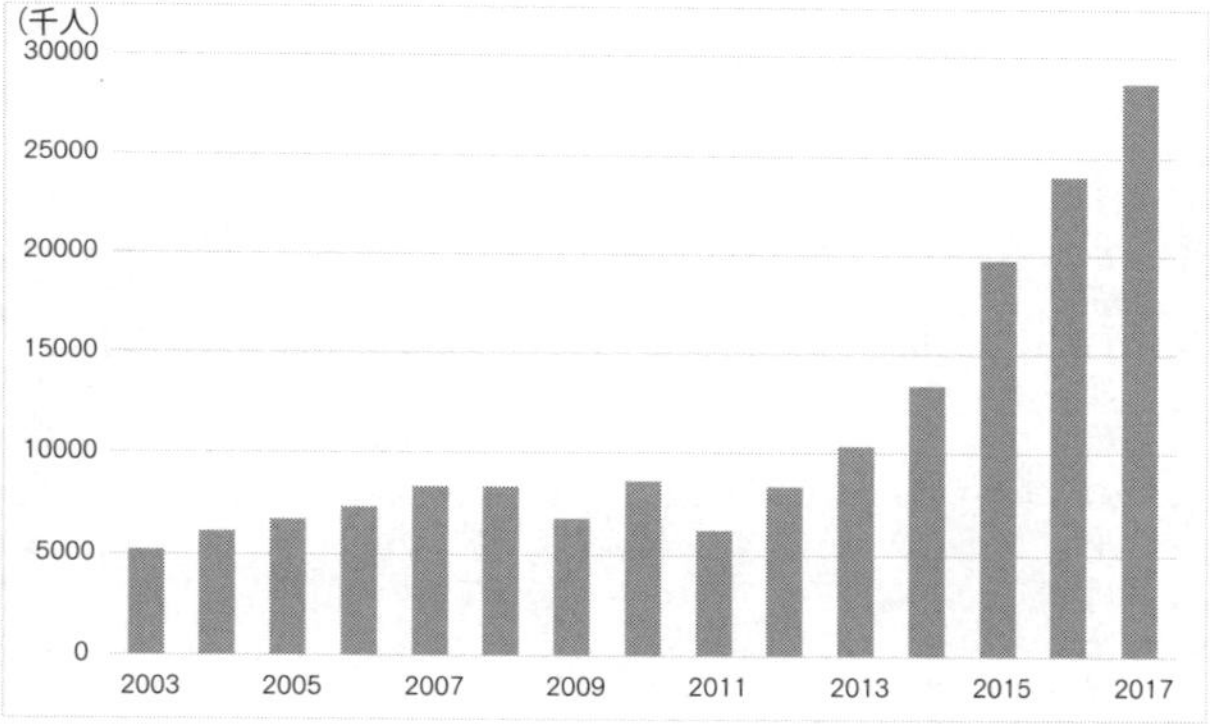

出典：日本政府観光局

を貸し出し、会場使用料と付随する飲食費をいただくのが収益源。「料飲」はフレンチや中華、和食などのレストランを展開し、企業の接待や地元個人客の会食などに伴《ともな》う飲食費が収益源。

つまり3つの部門とはいってもそれぞれでまったく対象となる顧客が異なる事業を、無理やり一つの建物に詰め込んだような歪《いびつ》な構造にあるのがホテルという業態です。

とりわけ「宴会」などは世の中の景気に非常に敏感な業態であり、景気の浮き沈みで業績への影響が明確に発生します。婚礼も最近では家族や気の置けない友人たちだけでやる形態のものが増えました。それにひきかえ、ホテル側は大量の給仕を雇い、大型の厨房設備を備え、大伽藍の宴会場を維持していかなくてはなりません。利益率はどうしても低くなります。

「料飲」も以前とは異なり、街中にホテルのレストランにも負けない、美味しくてリーズナブルな価格のお店が星の数ほど出現するようになりました。お客様の選択肢がどんどん広がる中で競争状態は激しくなるばかりです。

「宿泊」もビジネスマンは出張旅費規程内でしか宿泊をしません。なるべく安い料金のホテルに宿泊して出張経費を浮かせようとするのもビジネスマンの性《さが》です。

結論、儲からない、のです。儲からないということは家賃負担能力が低いことを意味します。デベロッパーから見れば、ホテルとして開発するよりも、賃貸マンションやオフィスとして開発するほうがリスクも小さく、利幅は大きかったのです。

ところが、ここにきて降ってわいたようなインバウンド騒ぎ。彼らにはビジネスマンのような出張旅費規程はありません。せっかく計画してはるばる海の向こうからやってくるのでキャンセルも少ない。決められた客室料金は支払う。一方、ホテル内で宴会をするわけでもありません。飲食はしますが、せっかくやってきた日本。街に出てお目当てのレストランで食事をしたい、たこ焼きやカツ丼のような日本のジャンクフードを楽しみたいなど、さまざまなニーズがあります。かしこまったレストランなんて必要ありません。

そこでこうしたインバウンド客を狙って「泊まる」ための客室のみを用意するホテルが増えているのです。ホテルを計画する場合、泊まるためだけのホテルであれば、あまり大きな土地は必要ありません。

なぜなら客室１室はおおむね幅が３ｍ程度、奥行きが５ｍ程度、面積にして15㎡も確保できれば、けっこう立派な客室となります。ちなみに一般的なビジネスホテルの客室面積は13㎡程度です。

宴会場も必要ありませんので、せいぜい朝食を摂《と》れる程度の簡易なレストランスペースを確保すれば十分です。

また泊まるだけのホテルであれば、何も大通りに面している必要は必ずしもありません。都心の裏通り、あるいは路地裏といったところでも十分に成立するのです。

つまり間口が狭くて奥行きの長いような変形地でもホテル建設は十分可能なのです。そこで競合したのが、都心居住の浸透で都心でのマンション建設を目論《もくろ》むマンションデベロッパーとの用地獲得大戦争です。

これまで都心で用地を取得する際には、収益性の点からはオフィスやマンションが圧倒的に優位であり、ホテル用地を取得するという選択肢はほとんどありませんでした。しかし、インバウンド激増に端《たん》を発したホテルブームは、マンション用地を探すマンションデベロッパーを押しのけ、場所によってはオフィス用地よりも高い価格で取引が成立するようなケースも増えてきました。

私の知り合いのマンションデベロッパーは、

「最近、土地がまったく買えないのです。ちょっと良い土地は全部ホテル会社に信じられないような価格で買われてしまうんです。やってられませんよ」

と嘆くことしきりでした。

実際に最近、銀座などで取引されるホテル用地の価格は坪当たりで1億円を超えた、などという噂まであるようです。まさに都心バブルの象徴がホテルなのです。

REITというディスポーザーが勇気づける不動産開発

さて、今回の不動産バブル、最も資金需要があるのがデベロッパーだといいました。都心は築40年を超えた老朽化ビルが次々に建て替え時期に差し掛かり、都心居住の掛け声のもと、容積率の大幅な緩和という行政の後押しを受けてタワーマンションを建設し、ホテル、商業施設そして倉庫などの物流施設の開発など、デベロッパーの仕事は山のようにあるのです。

実際に三菱地所や三井不動産、住友不動産といった大手デベロッパーの有利子負債は3社合計で2017年3月期現在8兆円を超えています。これは10年前の2007年3月期の3兆7000億円の2倍を超える水準となっています。3社合計の売上高が2017年3月期で3兆7000億円程度なので、なんと売上高の2倍を超える有利子負債が存在することになります。どれだけこのセクターに資金需要があったかが窺《うかが》えます。

いくら需要があるからといって、こんなに借入金を増やしてしまって大丈夫なのでしょうか。

平成バブル時には、デベロッパーだけでなく多くの法人が銀行から借入金を調達し、多額の不動産投資を行ないました。その後、金融政策の転換による金利上昇と不動産に対する懲罰的とも思われる数々の税制改正により、多くの企業が苦境に陥《おちい》ったのは周知のとおりです。

では、このときに比べて今の状況はどうでしょうか。

一つには、多くの一般企業は不動産に対して「投機的な資金注入」を行なっていないということです。彼らは利益の多くを現金の形で内部留保しており、不動産投資に積極的に踏み出している企業は多くありません。一方デベロッパーの借入金が増えていることは、いわば本業を推進するための資金ですから不動産景気が良好であることを物語る数値と受け取ってもよいかもしれません。

また一口に借入金といっても、平成バブル当時とは異なり、現在は金融技術も進化して、さまざまなリスクヘッジをかけているので、「金利が上がった、返済が劇的に増えた、だから倒産」といった単純なシナリオにはなっていません。

そしてもう一つ平成バブル時と現在で、デベロッパーにとって圧倒的に異なる環境にあるのが、ＲＥＩＴの存在です。

日本のＪ－ＲＥＩＴは２００１年９月に三菱地所が中心となって組成したジャパンリアルエステート投資法人と、三井不動産が中心となって組成した日本ビルファンド投資法人という2つの投資法人の上場を皮切りにスタートした投資信託です。

現在、東京証券取引所ＲＥＩＴ市場に上場する投資法人は59銘柄、時価総額で15兆円弱（２０１７年12月末現在）の規模となっています。

仕組みは簡単です。それぞれの投資法人にはスポンサーといわれる親元がいて、親元が中心となって組成した資産運用会社が、投資法人の所有するオフィスビルや賃貸レジデンス、ホテル、商業施設や物流施設の運用を行なうものです。

投資法人はこれらの物件の所有権を証券化、つまり受益権にして市場に上場し、その受益権を、個人を含む多くの投資家に買ってもらうことで資金を調達し、これを買った投資家は市場で自由に売買してもらいましょう、という内容のものです。

さて投資法人は集めたおカネで、当然運用資産をどこかから買ってこなければなりません。ここがポイントです。つまりＲＥＩＴを組成する大手デベロッパーなどの思《おも》

J-REITの仕組み

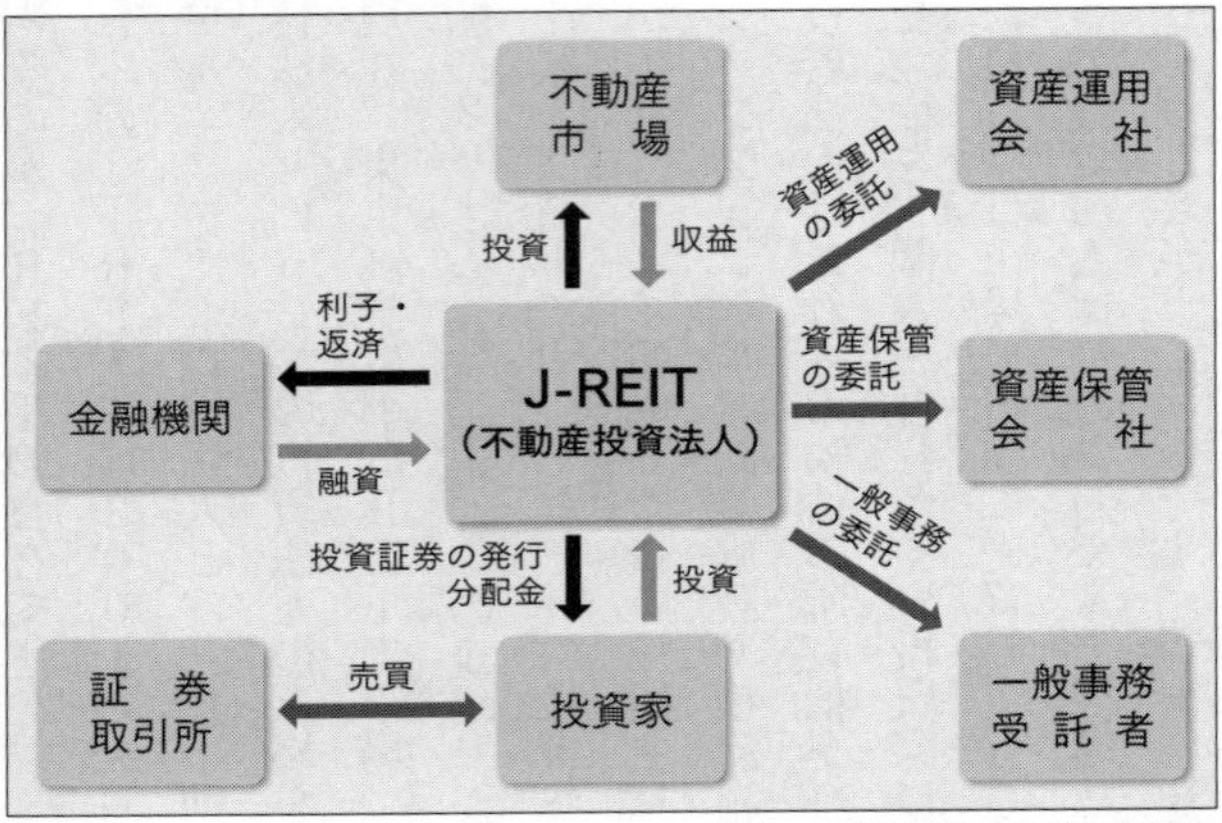

出典：一般社団法人投資信託協会

惑《わく》は、実は自分たちが開発した不動産のうちのいくつかの案件を、傘下のＲＥＩＴに売却することで、ＲＥＩＴの成長を促していこうというのが狙《ねら》いなのです。

せっかく苦労して開発した案件を、デベロッパーはなぜＲＥＩＴに売却してしまうのでしょうか。デベロッパーにとっては、都心部でいくら開発ニーズがあるからといってやみくもに借入金を調達して資産を膨らませれば、バランスシートが肥大化して、金利上昇などのリスクに耐性がなくなってしまうからです。

ＲＥＩＴから見れば、自分たちで新たな物件を探しに出かけなくとも、親元であるスポンサーから物件というご飯を食べさせてもらえれば、すくすくと成長ができるというものです。ＲＥＩＴとスポンサーという関係が親子などと表現されるのはこうした仕組みがもたらすものといえるのです。

しかし意地悪な見方をするならば、スポンサーからはＲＥＩＴはディスポーザー（生ゴミ粉砕機）という存在にも見えます。つまり、自分たちがオフィスビルや賃貸レジデンスを多少高値で拵《こしら》えてしまったとしても、あるいは建設途上などで市場が悪化してしまった場合でも、子であるＲＥＩＴに引き取ってもらう安全弁としての機能も併《あわ》せ持っているのです。

これは、つかんでしまったやっかいものを、ＲＥＩＴというディスポーザーにつっこんで知らんぷりという行動にも見えてしまいます。

いずれにしても平成バブル当時とは異なり、不動産が金融と結びついたことで得たデベロッパー側の利点がこのＲＥＩＴの存在といえましょう。

投資利回りという相対論

平成バブル時はとにかく不動産は買いさえすれば儲かるということで、ひたすら借入金で資金を調達して不動産を買い続けるという単純な投資モデルが幅を利《き》かせていました。

しかし現在では不動産は投資利回りで判断するという評価軸が確立されてきました。もちろん平成バブル時にも利回りという概念は存在したのですが、なにせ買って少し保有しているだけで不動産はバンバン上がったので、あまり真剣に利回りなどというものを考えなかった、というのが正直なところです。

不動産の利回りは投資に対する投資家の期待利回りで表現されます。これをちょっと耳慣れない言葉ですが、キャップレートと呼びます。

キャップレート＝不動産運用から得られる純利益（NOI：Net Operating Income 年間賃料収入から管理コストを引いた値）÷不動産投資金額

たとえば、10億円のオフィスビルで年間の賃料収入が5000万円だったとしましょう。この物件の表面利回りは5％（5％の利益が上がる）となります。オフィスビルの運営にはコストもかかりますのでコストがおおむね賃料収入の20％程度とすると、このビルのＮＯＩは４０００万円となります。したがってこのオフィスビルのキャップレートは、

４０００万円÷10億円＝４％

ということになります。

キャップレートが４％であっても、この物件が東京の大手町にあれば、この物件は高くても「買う」という決断をする投資家が多いかもしれません。しかし、この物件が大阪だったら、あるいは札幌に建っていたらどうでしょうか。大手町とは将来の伸び率が違うので大阪なら８億円、札幌だったら６億円と値付けするかもしれません。同じ計算を行なうなら大阪なら５％、札幌なら６・７％の収益が期待できなければ、買わないという判断が実際のマーケットではされています。

期待利回りは、当該物件が所在する立地によって、リスクの高いところほど物件価格を低く抑《おさ》えないと将来的には価格が下落するリスクが高いと考えるために、物件そのものを「安く」、つまり期待利回りを「高く」買おうとするのです。

価格と利回りは、このようにトレードオフの関係にあるといわれます。しかし、最近時はこのキャップレートがどんどん下がる、つまり価格が高騰するという状態になっています。

東京都心の優良なオフィスビルであれば、キャップレートは3％台でも取引されているのが実態です。いっぽう大阪や福岡でもキャップレートはどんどん下がっていて4％台でも取引がされるようになり、東京との差があまりなくなってきています。

低利回りということは、運用で儲からないということです。投資する側はいったいどこで儲けるというのでしょうか。売却した場合の出口での売却価格です。立地の良い物件ほど価格が高くなる可能性が高いということです。

買いたいという人が多いほど、価格は上昇します。価格が上昇するということは、賃料収入が変わらない限りにおいては、利回りはどんどん低くなってしまいます。

特に優良物件などが売りに出ると、買いたいという投資家が増えて価格はアップします。つまり期待利回りはどんどん下がっていきます。こうなると、もはや投資家同士のチキンレースのようなことになるわけです。

このレースに勝ったところで本当の意味での投資の勝利者となれるかどうかは、実は最終出口で判明されます。大いに物件価格が上昇して売り抜けができれば、この投資の見立ては正しかったことになります。

現在の日本の投資用不動産の市場は、こんな状況になっています。

冷静に考えると、そろそろ不動産投資は限界レートに近いような気がしますが、利回りとはあくまでも相対的なものです。日本の不動産を買う台湾や香港、中国などの外国人投資家の多くは、キャップレートが3%台でもあまり気にしません。

なぜなら台北や香港の不動産利回りは3%以下になっているからです。彼らから見れば4%台の大阪の物件はとても魅力的に映《うつ》るでしょうし、日本の不動産は台北や香港、あるいは上海に比べて国も安定していて治安もよい。なにより日本の不動産所有権は法的にもしっかり守られているのだから、世界の中で不動産のポートフォリオを組む彼らからすれば、「とりあえず買っておこうか」くらいの感覚で日本での不動産投資を考えているフシも見受けられます。このように、利回りに対する多様な見方も、現在の不動産市場を支えているといえるでしょう。

国が支える官製不動産マーケット

すっかり景気が良くなった日本の不動産市場ですが、2018年、そこにいよいよ「巨大な買い手」がやってきました。その名は年金積立金管理運用独立行政法人（GPIF）。運用資産総額156兆円（2017年8月末現在）の「化け物投資家」です。2006年設立のGPIFは厚生労働省の所轄法人であり、厚生年金と国民年金の運用を司《つかさど》っています。

2014年10月、第二次安倍政権において、GPIFは運用構成が変更されました。これまでの国内債券を中心とした運用から一定のリスク資産にも投資できるように、その運用対象と方法が改定されたのです。具体的にはこれまでの国内債券中心の運用から、国内債券35%、国内株式25%、外国債券15%、外国株式25%が新しい運用割合ということになりました。

この変更の発表にあたっては、大切な国民の年金資産をリスクの高い株式、とりわけ外国株式や外国債券などに投じることに対しては、大きな批判の声があがりました。

しかし今のところ、このGPIFのマネーは株式市場に大量に流れ込んで、株価の維持に多大な貢献をしているといわれています。

一見すると2014年の運用方法の見直しからは、GPIFが不動産投資を行なうのは不可能なように見えますが、実はカラクリがあります。同改定では、運用体制の整備に伴って、オルタナティブ資産に対する投資をリスクリターン体制（リスク覚悟でリターンを取る）に応じて資産全体の5％まで認められるようになったのです。

オルタナティブ資産とは①インフラストラクチャー（空港や港、道路などの社会資本）、②プライベートエクイティ（未上場株式など）、③不動産を指します。

簡単にいえば、これらの対象に上記の債券や株式という「カタチ」を通じてであれば投資が可能となったのが今回の改正なのです。

2017年12月19日、GPIFは不動産投資の運用機関として三菱UFJ信託銀行を選定しました。同行が組成する不動産投資ファンドを通じて国内不動産への投資を本格的に実行する体制が整ったことになります。156兆円の5％といったら7・8兆円になります。もちろんすべてが不動産投資に回るわけではありませんが、2017年度上期における国内不動産取引額が約1兆8000億円（都市未来総合研究所調べ）であること、発足してすでに16年が経過している国内REIT市場の時価総額が約15兆円であることからも、そのインパクトは絶大なものがあります。

国はすでに、REITに対しても市場では日銀を通じて一定額を買い支えていますが、不動産市場に公的資金を注入することで、市場を支える構図が出来上がることとなったのです。

さてこの巨大な買い手の登場は、今後の日本の不動産市場にどのような影響をもたらすのでしょうか。不動産投資は買って、運用して、最後に売る、というのが鉄則です。不動産市場はかなりヒートアップし、一部にはチキンレースのような状態にあると前述しました。

ところが、ここに巨額のマネーを背負った新たな買い手が現われるのですから、不動産業界にとっては大歓迎というのが正直なところなのではないでしょうか。

私が三井不動産に勤めていたころ、こんなジョークがありました。不動産業界では三菱地所は丸の内の大家さん。丸の内や大手町に多数のオフィスビルを所有するので、毎月潤沢な家賃が入ってきます。ところが三井不動産をはじめとした他社は、オフィスビルだけでなく、マンション分譲などでも利益を上げていかなければならないので余裕がありません。当時の三菱地所はマンション分譲も行なうものの、主力はオフィスビルであり、業界の「殿《との》」と呼ばれ、マンションにはあまり注力していませんでした。

マンションは市況商売。市況が良いときにはバンバン分譲して利益を稼ぐ、そして市場の匂いをかぎ分けて、下落局面になれば戦線を下げて様子を見る。こんな狩猟民族のような商売がマンション分譲でした。かたやオフィスビル賃貸はどことなく優雅な空気が漂《ただよ》う農耕民族のような商売でした。

当時、業界内ではマンションで儲かってマンデベ（マンションデベロッパー）各社が「宴《えん》たけなわ」になる頃、「殿」が「おお、皆の衆、なんだか楽しそうにやってるなあ。ワシも宴《うたげ》に参加させてくれ」と仲間の輪に加わるときが「逃げ時」だというブラックジョークです。

ＧＰＩＦが格好の「殿」を演じてくれる可能性は高いのです。

外国人が勝手に創るニッポン不動産マーケット

2017年の初夏の日の午後、私はとある仕事で長野県の白馬村《はくば》というところにいました。白馬といえばスキーのメッカ。学生の頃にここを毎年のように訪れて朝から夜のナイターまで、何かに取り憑《つ》かれでもしたように滑りまくっていた記憶が蘇《よみがえ》ります。

しかし、この日現地を案内してくれた不動産屋さんの話によれば、今の白馬ではスキーに来る日本人は激減しているといいます。日本のスキー・スノーボード人口は1993年（平成5年）の約2000万人をピークに減少を続け、現在は550万人にまで落ち込んでいます（日本生産性本部「レジャー白書2017」）。

最近は特に学生はスキーにはまったく興味がなく、もっぱらスマホやゲームにおカネを使い、寒い冬にわざわざ高い交通費をかけてスキー場にまで来てスキーやスノボで遊ぶという感覚は、持ち合わせていないということです。

それではスキー場は多くの客を失い、さぞや経営が苦しいのだろうと思いきや、たしかに以前のようには儲からなくなった一方で、日本人に代わりオーストラリア人やカナダ人といった外国人の顧客が増えたのだといいます。

実は世界では、冬のスキーシーズンを迎えると、ヨーロッパやカナダなどのスキー場を渡り歩いてスキーをしまくる顧客がいるのだといいます。当然、今の日本の学生がぶつくさいうような交通費にも頓着しません。世界中を廻るのですから。

こうしたスキー場にとっては超優良客が、日本にもやってくるようになったといいます。日本ではニセコやここ白馬などは雪質の良いゲレンデとして有名ですが、最近は地球温暖化の影響もあって、ヨーロッパアルプスのゲレンデの雪質が良好ではなく、彼らの選択肢に日本のゲレンデが入ってきたというわけです。

さて本題はここからです。富裕層といってよい彼らは一度日本のゲレンデにやってくると１週間から10日ほど滞在します。ところが日本のホテルや旅館はもともとせいぜい2、３泊までの顧客対応しかできません。なぜなら旅館などの多くは１泊２食付きというシステムを標榜しているので、10日も泊まられたのでは、食事に何を出してよいのかわからなくなってしまうからです。かといって素泊まりを認めていたのでは、高い人件費を出して雇っている調理人を遊ばせることになってしまいます。

外国人にとっても、何だか気持ち悪いサンショウウオのから揚げだのイナゴの佃煮などを出されても食欲はわかないし、漬物だってただしょっぱいだけの珍味にしか映らないというのが多くの外国人の感想です。

彼らは実はスキーで通い詰めるエリアに不動産を持ちたがる傾向があります。といってもいわゆる別荘というのとはやや趣《おもむき》が異なります。年間でせいぜい1週間から10日間しか使わないのではもったいないからです。彼らは自分たちが利用する期間以外には他の客に自分の部屋を提供して「運用」するのです。

したがって最初から家具付きで作り上げ、基本的には私物を置かず、現地の不動産屋やホテルオペレーターに運用してもらうというのが基本です。

私が白馬で見学させていただいたのは、そんな外国人スキーヤーに向けて分譲されたコンドミニアムだったのです。

建物は白馬のゲレンデの真ん前の5階建て。1階は簡単なフロントと居心地の良いラウンジ。外国人は誰かれかまわずコミュニケーションをとるのでラウンジ機能は必須。ただし、ここで料理を出したりはせず、電子レンジなどが装備されているだけです。フロントとはいえ、スタッフが常駐しているわけではなく、あくまでも旅館業法上の規定にのっとってカタチだけ整備している風情です。

2階から5階まではワンフロアあたり2戸の住戸兼客室です。住戸の中はマンションでいうところのいわゆる３ＬＤＫというやつです。広さは約90㎡。リビングはけっこう広くてキッチンスペースとあわせると20畳は優にあります。

驚いたのが、各寝室にそれぞれ浴室とトイレが備わっていることです。運用を行なう不動産屋さんが話すところによれば、この住戸兼客室はオーナーがいない間はスキー客に対して、１室あたりの設定価格で提供するとのことでした。つまり３ＬＤＫの各部屋をホテルとして使わせるということです。お値段は1泊あたり2万円から３万円。彼らは適宜リビングやダイニングを利用するのですが、別に他の客が部屋から出てきても気にしないどころか、すぐに友達になるといいます。さらにファミリーでくる客に対しては、３ＬＤＫ全部を一括で提供するとのことでした。お値段は1泊あたり９万円から12万円。

さてこのコンドミニアム、わずか8戸ではあるものの、売り出したシーズンで完売したそうです。お値段は1戸あたり1億円強。坪当たりに換算すれば３００万円台半ば、という東京湾岸エリアのタワマンをしのぐ価格です。買い手はもちろんオーストラリア人やカナダ人だったそうです。

同様に北海道のニセコでもこのホテル運営型分譲コンドミニアムは大人気で、この時期に販売された物件は坪当たり単価で500万円を超える価格で完売しました。500万円までくれば、これは東京港区内の新築マンションの分譲価格に匹敵する水準です。さすがにこれは「フェイクニュース」だと思った私が、現地販売会社に聞くと、

「本当ですよ。ただ買った客の中に日本人はいませんでしたね。はい、今回の特徴は香港やシンガポールの方も多く含まれていたことですかね」

との驚愕の回答でした。

私たちはどうしても日本の不動産を日本人の「物差し」だけであれこれ判断し、論評しがちですが、こんな「ありえない」不動産市場が現在の日本では確実にその存在感を高めつつあります。

そうした意味では不動産のバブルに関しても、基準となるモノサシは実はいろいろ

な形をしていて、採用されている尺度も異なるものなのかもしれないのです。

インバウンドを呼び込む地方リゾート開発

平成バブル時には、不動産投資に関してこんな「すごろく」がありました。
バブルはまずは東京で発生する。東京はなんといっても日本の中心。ここの土地を押さえれば勝ったも同然。しかしライバルが増えてくると価格は沸騰し、なかなか思ったような条件では買えなくなる。そこで、投資マネーは大阪や名古屋といった日本を代表する大都市の不動産を押さえにかかる。やがて大阪や名古屋もバブルの匂いがプンプンしだす。

この競争から逃れたマネーはさらに札幌や仙台、広島や福岡といった地方の代表的な都市に飛び火します。こうしてバブルは日本国内を燎原《りょうげん》の火のように燃え広がっていきます。

そして最後に行きつくのが、北海道や沖縄などのリゾート地でした。当時宮崎にできたシーガイアや北海道のトマムにできたリゾート施設などはバブル時代が遺《のこ》した負の遺産などと呼ばれましたが、当時リゾート開発用地を押さえた企業の多くがバブル崩壊後に倒産などの事態に陥ったことは記憶に新しいところです。

つまりバブルは東京で発生するのが第1ステップ、大阪、名古屋に飛び火するのが第2ステップ、札幌、仙台、広島、福岡といった地方中核都市に移るのが第3ステップ。そして最終ステップとして全国各地のリゾート地に伝染して終わるというのが、「不動産投資すごろく」というものでした。いわば日本のリゾート地は、「バブル紳士の墓場」ともいわれる夢の残骸が多く遺されているのです。

一方で当時、こうしたバブルが最後まで「やってこなかった」都市も国内には多数ありました。

平成バブル真っ盛りの頃、私は三井不動産本社に勤務していましたが、私の先輩は九州の大分《おおいた》支店に勤務していました。バブル崩壊後に本社に戻った先輩と居酒屋で会話した際の彼の言葉はいまだに忘れられません。

「おい、牧野。バブルってなんだったんだ。ついに大分にはバブルってやつは来なかったな。住宅の価格もなんも上がらなかった。そろそろ来るんじゃないかと期待して待っていたのにな」

さて現在はどうでしょうか。不動産投資マネーはすごろくの盤面をなぞるように、東京から大阪、名古屋に飛び、さらに札幌、仙台、広島、福岡へと広がってきています。そして、最近はやはりこの流れがリゾート地にも及び始めています。

三井不動産は三重県伊勢市鳥羽《とば》の合歓《ねむ》の郷《さと》リゾートで超高級リゾートの代名詞アマンを誘致。「アマネム」の名称のもとで本格的なリゾートの展開を始めました。

沖縄県国頭《くにがみ》郡恩納《おんな》村には、ハイアットリージェンシーが初めて日本で展開するビーチリゾートが２０１８年８月にはオープンします。同じエリアでは森トラストが瀬底《せそこ》島の西端に、ヒルトン・グランド・バケーションズが展開するタイムシェアリゾートとヒルトンが運営するリゾートホテルの２棟を２０２１年に開業する予定となっています。

さらにはリゾートの形態は日本の代表的な観光地である温泉地にも及び、大分県別府市鉄輪《かんなわ》ではＡＮＡインターコンチネンタル別府リゾート＆スパが２０１９年の開業を目指します。同物件はインターコンチネンタルブランドを展開するＩＨＧにとって初となる本格的温泉スパリゾートとして、２０１７年６月のプレス発表時にも大いに話題となった計画です。

別府温泉は、静岡県の熱海温泉と同様にどちらかというと日本人にとっては昔の観光地としてのイメージが強く、「名前は知っているけど、今さらね」といった感覚が正直ある「昔のリゾート地」でした。ところが、そんな地に世界を代表するホテル会社であるＩＨＧの最高級ブランド「インターコンチネンタル」が冠されるホテルがオープンするのです。

日本の温泉は別府に限らず、箱根や熱海、草津などでも見直される動きがあります。日本人の従来からの固定概念では思いもつかないリゾートが世界から注目され、温泉を目当てに国内外から多くの観光客を再び招き寄せる起爆剤としてのリゾート開発が行なわれているのです。

こうした動きに対して、平成バブル時と同じ匂いを嗅《か》ぎ取って、そろそろバブルも崩壊するのではないかという冷ややかな意見も聞かれます。しかし一方で、平成バブル時は、リゾートを利用する顧客はあくまでも日本人、しかもバブルで儲けた一部の富裕層を相手としたリゾート開発でした。日本で欧米スタイルの本格的なリゾートの歴史はまだ浅く、滞在期間も1、2泊というのでは、こうした外資系を中心とした超がつく高級リゾートをとても楽しむことはできません。

今回のリゾート計画の数々は、いずれも世界中のセレブリティを招く本格的なリゾートとなります。滞在期間も数日から一週間以上にも及ぶスタイルです。日本人も今後は、時間に余裕を持った富裕層や働き方改革で自由な時間を持った働き盛り世代を含めて、本格的にリゾートを楽しむ時代になってくるかもしれません。インバウンドが牽引する日本の本格的なリゾート時代の開幕が今、模索されているのです。

マイナス金利が、銀行を不動産へと駆り立てる

日銀が採用を続けるマイナス金利政策とは何でしょうか。

これは民間銀行が中央銀行にお金を預ける場合にもらえる金利のうち法定準備預金を超える金額について「マイナス」にするという政策です。民間銀行は、預金者から預かったお金を融資に振り替えることで利鞘《りざや》を稼ぐのが本業です。ところが、資金需

要が盛り上がらない日本では、民間銀行は貸出先という「運用先」がないためにこれを中央銀行、つまり日銀に一時的に預けてしまっています。

アベノミクスを掲《かか》げてもいっこうに市中にお金が出回らないと見た政府日銀は、民間銀行から日銀に流れ込んでくるお金に、マイナス金利、つまり利息を取るようにしたのです。

これでは民間銀行は、日銀に余ったカネを持ち込めないということになります。ということは、そのまま持っていたのでは預金者に利息を払うだけになってしまいます。そのお金は「どこか」で運用しなければなりません。その運用先として狙いをつけたのが不動産だったのです。

メニューは2つ。住宅ローンとアパートなどの不動産投資ローンです。

ある銀行支店長と私の会話です。

「いやあ、最近の若い人はすごいですよ。このまえお店に来た30代の夫婦。二人で計7000万円の住宅ローンを組んで湾岸のタワマン買いましたよ」

「すごいですよね。返済は大丈夫なのですか」

「夫婦とも大企業勤務で、年収は旦那が７００万円、奥様が７５０万円。期間は35年。金利は安いので年間返済額は夫婦あわせても２５０万円ほど。初めのうちは所得税の還付も来ますからね」

「でも35年って途方もなく長いですよね。完済するのは70歳くらい？」

「定年退職時にまだ残債がある計画ですが、退職金もあるし、定年延長の可能性もありますからね」

「でも余計なお世話だけど、大企業といっても30年持たないというし、夫婦離婚なんかできなくなるよね」

「さあ、そのへんは神のみぞ知る、なんてね」

銀行にとっては、金利こそ低いものの長期間にわたって借りてくれる住宅ローンはおいしい商品。最近のマンションは価格がどんどん上がっています。彼らにとっては、住宅ローンを貸せさえすれば、この夫婦が将来勤め先の具合が悪くなるだとか、離婚するだとかといったリスクは当面は「関係ない」話なのです。

私も社会人の駆け出しは銀行員でしたが、７０００万円の住宅ローンなんて、当時では考えられませんでした。なぜなら、働いているのは旦那（年収700万円）だけだったからです。年間250万円の返済は旦那さんだけでは年収に対する返済額の比率である返済比率は35・7％にもなり、銀行も融資にはNOだったことでしょう。

それが、奥様（年収750万円）がどんと乗っかるわけですから、銀行審査はらくらくパスするというわけです。

銀行がもう一つ目をつけたのが、アパートやマンションなどの賃貸用不動産に対する融資です。今の高齢者にはけっこうリッチな人がたくさんいます。日銀の発表によると、個人の金融資産残高は2017年9月末現在で1845兆円にも達していますが、その半分近くは60歳以上の世代が保有しています。

件《くだん》の銀行支店長の話によれば、最近では銀行口座に1億円程度の預金を持っている高齢者はざらにいるとのことです。

当然ですが、高齢者にとっての関心事の一つが相続です。なるべく税金を節約して子供や孫に残したいというのは誰しもが抱く感情です。

現金は1億円であれば額面がそのまま評価額になり、税金が課されます。ところが、同じ1億円でもこれを不動産に替えておけば、相続税はぐっと圧縮されます。なぜなら不動産は相続の際には、土地は路線価評価額、建物は固定資産税評価額で評価され、一般的にこれらの評価額は時価よりもかなり割安に評価されるからです。

特にタワマンは高層階にいくほど時価と評価額の乖離《かいり》が大きくなるので、相続対策を考える高齢富裕層には大人気となり、タワマン高層階を買うのは「中国人と年寄り」などと揶揄《やゆ》されました。1億円の現金がなくとも銀行はここに多額の融資を行なうことで、相続対策の手助けをしました。借入金は相続財産から控除できるからです。また、土地を寝かせておくと、更地《さらち》の評価は高くなるので、土地上にアパートなどの賃貸用不動産を建設し、相続評価額を圧縮する手法でアパートローンなどをバンバン出しました。

銀行員はあまり不動産には詳しくない人が多いのですが、地元の工務店やアパート会社、税理士などがチームとなって、高齢の地主に対してセールスしまくりました。銀行にとっては紹介したアパート会社や工務店から得られるキックバック手数料なども低金利時代では貴重な収益源になっているので、多少のリスクには目をつぶって、

「おじいちゃん、大丈夫ですよ。これでお子さんやお孫さんも安心ですね」

などとたいした根拠もないセリフを吐くのです。

銀行にとっては運用先難で苦しむお金は出ていくわ、キックバック手数料は手にできるわ、こんなに「おいしい」商売はないのです。

こうした日銀の金融政策は、銀行を「不動産へと走らせる」大きな誘因となっているのです。

働き方改革が不動産投資を活性化させる

2016年8月3日に発足した第三次安倍内閣では政策の柱の一つとして「働き方改革」を掲げました。同年9月には内閣官房に「働き方改革実現推進室」を設け、この働き方改革が、やはり安倍政権が目指す「一億総活躍社会」の実現に向けた最大のチャレンジだと位置づけたのです。

「一億総活躍社会」というのはわかったような、わからないようなスローガンですが、政府によれば、少子高齢化が進む中でも「50年後も人口1億人を維持し、職場、家庭、地域で誰しもが活躍できる社会の実現」を目指すものだといいます。

日本の総人口は前回の国勢調査から減少に転じ、いよいよ人口減少社会が到来すると話題になりましたが、実は「働き手」と称される、15歳から64歳までの生産年齢人口の推移を見れば、すでに20年も前の１９９７年の８６９９万人を境にその数は減少し続け、２０１６年現在では７６６５万人、最近では毎年１００万人も減少している事態に陥っていることは、意外と知られていません。

つまり、日本経済を維持、発展させていくためには、この深刻な労働力不足を解消する手立てが必要であるのは火を見るよりも明らかであり、そのために「一億総活躍社会」にする必要があるというのが、このスローガンの根拠なのです。

政府が考える労働力不足への対応には、次の３つがあるといわれます。

①働き手を増やす
②出生率を上げる
③労働生産性を上げる

①は、これまで主に成人男性が働き手の中心だったのを女性や高齢者に広げようというものですが、すでに女性は１９９７年の男女雇用機会均等法の改正によって男性とほぼ同等に働くことができるようになっているので、狙いの中心はむしろ高齢者雇用です。

②は、出生率を高めるのは将来的に働き手の人口を増やそうという試みであるのでわかりやすいものの、何といっても人間は「働く」ことができるようになるまで月日を要する生物であるので、目先の出生率を上げたところで即効性を期待することはできません。

そこで問題となるのが③の労働生産性ということになります。労働生産性を上げるためには、そもそも働き手が少ない職場では働き手を増やすことで仕事の効率をアップさせることができますが、これは①と同じことを言っているのに過ぎません。非正規雇用と正規雇用といった格差をなくして、同一労働同一賃金を実現することも労働生産性向上につながるといいますが、非正規雇用の人は正規雇用でないから働かないというわけではなく、むしろ正規雇用の人以上によく働く人も多いのです。

そこで登場するのが長時間労働に対する制約ということになります。長時間労働は精神的にも肉体的にも影響が大きく、こうした労働によって受けるストレスが人々の健康を害することになり、ひいては労働生産性を低下させることにつながるという議論です。

働き方改革におけるこうした議論は、たまたま大手企業で起こった新入社員自殺事件などが契機になり、世の中全体にあたかも「長時間働いてはいけない」かのような風潮が蔓延《まんえん》することになりました。

もちろん、過大なストレスから自殺に至るような事件は二度とあってはなりませんが、大企業の多くが「定時退社」「休日勤務の撲滅」を全社右へならえとやっているさまは少し滑稽《こっけい》ですらあります。

さてこの「働き方改革」、不動産にとっては朗報です。大企業社員たちはこれまで多くの時間を会社に縛りつけられて生きてきました。そして財布の中身は嫁さん任せで、自らの資金をどう運用しようかという意識が希薄でした。

しかし人間、時間ができるといろいろなことを考えるもの。自由になった時間の一部を充てて、自分の資産をより大きく膨《ふく》らまそうと考える人が多くなることは間違いありません。なぜなら「残業」がなくなってしまうと収入も減る。一方でこれまで絶対に禁止だった「副業」を多くの企業が認めるようになったため、銀行預金の米粒のような金利に頼るのではなく、不動産投資をして自らの副収入を確保しようと考えてもおかしくないからです。

以前と異なり、不動産情報はネットを通じて多くの情報を得ることができるようになりました。ネットで中古マンションを仲介するようなサイトも登場しています。

こうしたサラリーマン向けの不動産投資本は、今、世の中に溢れかえっています。働き方改革がもたらした副産物です。

裁量労働をめぐる厚労省のデータ紛失、改ざん問題もあり、法案審議の一部先送りなどが生じ、働き方改革自体の進展も混沌としています。

不動産を支える政策的な意味合い

さて、これまで見てきたように２０１２年12月の第二次安倍政権の発足以降、どうやら日本の不動産は上昇基調を強めているようです。

大幅な金融緩和、国家戦略特区の創設、日銀によるＲＥＩＴの買い支え、そしてＧＰＩＦによる不動産ファンドへの出資解禁。いずれもマネーを利用して不動産を買い支えていこうという意思を大きく感じるものです。

それでは、政策的に不動産を支えるとはどういうことでしょうか。理由は４つほど考えられます。

一つには、不動産が元気であるということは、マネーの循環がよくなることにつながります。不動産売買取引には大きな資金が伴います。銀行からたくさんのお金が市中に流れることになります。不動産は値上がり基調のときのほうが、利益を取るために売るニーズと、上がっているから買おうというニーズを同時に生み出します。市場が活性化すればそれだけ多くのマネーが流れ込むことになります。

二つには、不動産はいわゆる「裾野のひろい産業」であることです。オフィスビルの新築やリニューアル、建て替えなどには多くの工事が発生します。住宅の新設であれば、工事のみならず関連する家具、家電、自動車などの需要を引き出します。

三つには、銀行にとって、融資先の担保余力が上がることになります。担保余力が上がれば、これまで資金需要があっても貸し出すことができなかった先にも新たに融資ができる可能性が高まります。新たな資金を得た取引先は業容を拡大することが可能となります。

四つには、不動産の値上がりは住宅などを持つ個人の資産形成に寄与します。サラリーマンの収入は給与収入に限定されがちですが、自宅の不動産価値が上がれば、自宅を売却することで、売却益を手にすることができます。

よく、安倍政権は株価を常にウォッチして日経平均株価を常に上昇基調にするように腐心して内閣支持率を支えている、といわれます。しかしながら、株価がその国の景気、あるいは産業の隆盛を表わす指標の一つであることは確かですが、政権の支持率に直接結びつくものとはいえないように思います。

なぜなら東京証券取引所による「株式分布状況調査」によれば、２０１６年度における株式の保有において個人の割合はわずか17・1%にすぎません。一方で外国法人による保有割合は30・1%にも及んでいます。株価の上昇は、たしかに一部の富裕層は喜ぶかもしれませんが、「ワオ、ベリーグッド、ハッピー！」と喜んでいるのは、実は皮肉なことに外国法人なのです。

それよりも不動産のほうが、個人はたくさん持っています。今でも週刊誌が定期的に特集する「上がるマンション、下がるマンション」とか「これから狙い目の住宅地」などといった特集号は大変よく売れるのだそうです。

自宅の価値が上がるとはどういうことでしょうか。たとえば４０００万円で買ったマンションが5年後に４５００万円になったとき、マンション所有者は「喜び」ます。

「いつでも自宅を売れば５００万円儲かるのだ」

という気持ちにさせてくれるからです。

もちろん、実際には自宅を売却しなければ、４５００万円は手元に入ってきませんし、自宅であれば、賃貸住宅に切り替えない限り、売ったお金を元手にまた別のマンションを買わなければならないのですが、毎月苦労して払っている住宅ローンの返済も、物件の価値が上がっているのであれば、心理的な面も含め、軽くなるというものです。そうです。政治家は、株式はもとよりもっと不動産価格の維持、向上に政策の軸を置くべきなのです。

しかし、現代の日本はそんなに簡単な方程式では動いていません。不動産が上がっている現象は国内の随所に見ることができますが、平成バブル時のように全国的に上がっているわけではありません。本章で見たように東京の世田谷区や大田区であっても不人気のエリアでは、不動産に対して必ずしもよい評価はついていません。いわば「不動産の二極化」とも呼べる格差社会が、不動産の世界にも到来しているようなのです。

次章では、平成バブル崩壊後、不動産はどのような形で息を吹き返し、そしてどのような形に進化していったのかを追うことにします。この状態をバブルというのかどうかについては、まだ異論も多くあろうかと思います。しかし、日本全体の未来を語るにあたって、現在の状況をつぶさに観察し、その中から見える「次なる世界」を見通していこうと思います。

第2章

なぜ都心が上がって郊外が下がるのか

～不動産二重構造のわけ

25年周期で変わる日本社会の構造

日本は1945年の太平洋戦争の終結後70年以上の時を経《へ》ました。70年といえば、ほぼ人の一生に近い年月ですが、この間私たち日本人は戦禍《せんか》で廃墟になった国土を立て直し、世界的にも未曽有《みぞう》の経済発展を成し遂《と》げ、今、世界で最も豊かな国の一つとして存在しています。

私は、戦後の日本社会の変遷を25年という四半世紀ごとに整理してみると、その間の不動産の価値に対する人々の接し方、感じ方の違いが鮮明になってくることに気がつきました。

どういうことなのか、説明しましょう。

1945年から1970年までの四半世紀は、いわば日本の「復興期」でした。戦争終了直後、日本の人口は約7200万人。すべてを失っての再出発でした。

実はこの45年から70年までの四半世紀の間《かん》で、日本に起こった劇的なことは「人口爆発」でした。なんとこの間に日本の人口は世界が瞠目《どうもく》するほどに急増。大阪万国博覧会が開催される70年には、すでにその数は1億人を超えていたのです。率にして44

％の増加。世界の歴史の中でも、これだけ顕著《けんちょ》に人口増加を果たした国はありません。

人口がこれだけ増加するということは、経済から見ればそれだけ消費者が増える、つまり内需が急拡大したということです。経済はおのずと成長軌道を描きやすい環境下にあったともいえます。

しかしこの時期、日本社会全体はまだ貧しい状況でした。日本は輸出型製造業の成長に活路を見出《みいだ》し、原材料を輸入して製品化しこれを外国に輸出することで、60年代には経済において高度成長期を迎えることができました。

１９５８年には東京タワーが完成、そして１９６４年には最初の東京五輪が開催されます。同じ年に東京と大阪を結んで東海道を疾走することとなる東海道新幹線は、日本全国の子供の憧れの的《まと》でした。

この当時は、国民一人一人は貧しかったものの、国が新幹線や高速道路、そして東京五輪や大阪万博などの一大イベントを催《もよお》し、希望に満ち溢れる国民をぐいぐいと牽引していった時代ともいえます。

この時期の人々の生活や価値観がよく窺《うかが》い知れるのが、2005年に上映され大ヒットとなった『ALWAYS 三丁目の夕日』です。この映画は田舎町から東京の町工場にやってくる女性が成長していく過程を追ったもので、当時の東京を表わしたノスタルジックなスタジオセットが話題を呼びました。同様に2017年に放映されたNHKの連続テレビ小説「ひよっこ」も、茨城県から上京して東京の町工場に就職した主人公が苦労をしながらも成長し、そこで出会った洋食屋の味に惚《ほ》れ込むというストーリーを描き、注目されました。

50年代は三種の神器として、「白黒テレビ」「洗濯機」「冷蔵庫」が、60年代には3Cと呼ばれた「車」「クーラー」「カラーテレビ」など、国民には常にわかりやすい生活向上のための「目標」のようなものがありました。

国民の皆が明日へのゆるぎない希望を持ち続けた一方で、どんどん都市部に流入する人の流れは、膨大な新たな住宅需要を生み出していきました。

国は1956年7月に、住宅に困窮する勤労者のために住宅や宅地を供給することを目的とした日本住宅公団（現・UR、都市機構）を設立して対応しますが、当時の住宅の質はけっして水準の高いものとはいえませんでした。とりあえず「住む」ためのハコを量的に確保した、というところです。

1971年からスタートする1995年までの四半世紀はどうでしょうか。

この間の日本の人口は約2000万人の増加を見ました。高度成長期という右肩上がりの経済成長を味わった日本にとっては70年からの四半世紀は二度のオイルショックとの戦い、円高というグローバル経済の中での舵《かじ》取りと、苦難が連続する時代でした。

しかし日本経済はこうした苦難を次々に克服し、飛躍的な成長を遂げていきます。『Japan as No.1』(エズラ・ヴォーゲル著)という書籍が持《も》て囃《はや》され、世界第2位のGDPを実現し、日本がその自信を大いに深めていった時代でした。

一方、地方から都会へ大量に流入する人々の隊列はこの時代も続き、大挙してやってきた勤労者たちは都心から郊外に延びる鉄道沿線にマイホームを求めました。住宅は値上がりを続け、国民全員が「早く家を持たなければ一生持てなくなる」と、本当に信じた時代でした。

国が全国各地にニュータウンの建設を加速させたのも、この時代です。とりわけ1970年代は全国各地の丘陵が造成され、その結果、全国に2009カ所、面積にして18・9万haの住宅用地が誕生しました。

不動産神話あるいはマイホーム神話というのは、この時代に形成された考え方です。詳しくは拙著『こんな街に「家」を買ってはいけない』(角川新書)を参考にしていただければと思います。

いずれにしてもこの時代は、不動産価値が人口の増加と経済の驚異的な成長に後押しされて上昇し続けていく時代でした。そうした意味では、「実に単純な」論理の下《もと》で不動産は捉《とら》えられていたのです。

今では冗談のような話ですが、1974年当時の厚生省の(現・厚生労働省)人口問題審議会が人口白書において「日本は出生抑制に努力すること」の旨《むね》を打ち出していました。この年は前年にオイルショックが勃発し、資源と人口に関する危機意識が高かったことが背景にあります。同年開催された日本人口会議では「子供は二人まで」という、今の政府が聞いたら卒倒するような大会宣言が採択されています。

では、日本がその絶頂時代を迎えていた１９９０年代半ば以降、日本はどんな道をたどっていくことになるのでしょうか。

日本の凋落《ちょうらく》の始まりは１９９５年

１９９５年という年は、後の時代の歴史家から、「日本の転換点」と位置づけられる年になるのではないかと、私は考えています。日本の社会はこの年を境に、価値観が大きく変容し、そのことに伴《ともな》って、人々の不動産に対する考え方も微妙に変化していったと思われるからです。

１９９５年はバブル経済が終焉《しゅうえん》し、株価も地価も、それまでの活況が嘘のようにおとなしくなり、これからの日本がどのような成長過程を描くことができるか、国民の多くが一抹《いちまつ》の不安を感じながら迎えた年でした。

その不安な年の船出に、日本列島を直撃したのが阪神《はんしん》・淡路《あわじ》大震災でした。

1月17日早朝、兵庫県南部を襲った大地震は、都市直下型地震となり、神戸市を中心として死者６４３４人、負傷者４万３７９２人を数える未曽有《みぞう》の大災害となりました。

それまでも、日本各地では頻々《ひんぴん》に地震は発生していたものの、大都市の直下を襲う地震は、1923年の関東大震災以来、人々の記憶からは遠ざかっていただけに、人々が受けたショックは大きなものがありました。

大震災からのショックがまだ覚《さ》めやらぬ3月、今度は、東京都心の営団地下鉄（現・東京メトロ）日比谷線「霞ケ関」駅構内で、オウム真理教による地下鉄サリン事件が勃発します。戦後世界で起こった、初めての本格的な「化学兵器」によるテロ事件であり、世間を震撼《しんかん》させました。

この2つの事件は、高度成長期から平成バブルまで、紆余曲折《うよきょくせつ》を経ながらも遮二《しゃに》無二《むに》成長し、GDPで世界第2位の地位を確保してきた日本の「成功の方程式」に対して、まったく「想定外」の課題を投げつけるものでした。

実は、人々の記憶に「嫌な記憶」「忌《い》まわしい記憶」として刻《きざ》み込まれたこの2つの出来事は、95年から97年にかけて次々と日本に押し寄せてくる「時代の変化の大波」に対する予兆でもあったのです。

これは日本のさまざまな統計指標に如実《にょじつ》に表われています。

まず生産年齢人口という15歳から64歳までの、いわゆる「働き手」と呼ばれる人口が、96年から97年頃をピークに減少を始めます。日本の総人口が減少を始めるのは2010年頃まで待たなければなりませんが、生産年齢人口は、総人口よりも一足お先に減少を始めます。しかも減少幅は毎年100万人程度にも及び、日本社会が急速に「超高齢化社会」を迎えることを警告し始めたのが、このころです。

経済情勢としては、95年から日本は「超円高」時代を迎えます。この年の3月には、円はついに1ドル80円台に突入、4月には一時79円台を記録するなどの激しい円高に見舞われます。

輸出型産業の多い日本で、この暴力的な円高は、中小企業のみならず大企業の収益をも直撃しました。製造業の多くが、アジアに生産拠点を移転し始めるのもこの超円高が契機となりました。

平成バブル時代の不良債権問題が顕在化するのもこのころです。個人向け住宅ローンを専門に取り扱う住宅金融専門会社（住専《じゅうせん》）は、バブル時代に野放図に貸し付けた不動産業者向け貸付債権が、不動産担保価値の急落とともに次々と不良債権化、住専全体で6・4兆円もの不良債権の存在が明るみに出ました。

さらに97年には大手証券会社の一角であった山一證券、続いて都市銀行である北海道拓殖銀行などの大手金融機関が破綻《はたん》に追い込まれるなどの「金融危機」が到来します。

一種の社会不安ともいえるこうした現象の続出は、すでに平成バブル崩壊で明日への不安を感じ始めていた人々の意識を大幅に萎縮させるものとなります。

95年から96年にかけては、ついに全国百貨店の売上高は、全国スーパーマーケットの売上高に逆転されます。人々は、それまであたりまえのように身に着けていたルイ・ヴィトンのバッグやジョルジオ・アルマーニのスーツをしまい、高級ホテルやレストランで若い女の子たちを「接待」することをやめ、「アッシー」役として乗り回していた「ＢＭＷ３シリーズ」を売り飛ばしたのでした。

時代を反映する社会現象として、ヘルシーで何といっても値段が安い「もつ鍋」が大流行し、中野孝次《なかのこうじ》の著書『清貧の思想』がベストセラーになるなど、時代の価値観は大きな変化を遂げていきました。

日本社会は、バブルで緩《ゆる》みきった身体から次々と出てくる膿《うみ》に驚愕し、社会全体が底知れない不安に覆《おお》いつくされていきます。そんな中、バブル崩壊後の不動産についても、実は密かに大きな「構造転換」が進み始めるのです。

「働き方改革」は、実はすでに95年から始まっていた

生産年齢人口が減少へと反転する中で、人々のライフスタイルも大きな変化を遂げていきます。

１９９７年、これまでの社会の価値観であった「男は外で働き、女は専業主婦として家庭を守る」という構図がひっくり返ったのです。次ページの表は日本における「専業主婦世帯」と「共働き世帯」の世帯数の推移を追ったものですが、95年を境にその数は逆転しています。【図表⑥】

日本でも夫婦が一緒に働き、子育てをする家族形態が、「主流」となったのでした。

この流れの背景となっているのは、１９８５年に制定された男女雇用機会均等法

図表⑥ **専業主婦世帯数と共働き世帯数の推移**

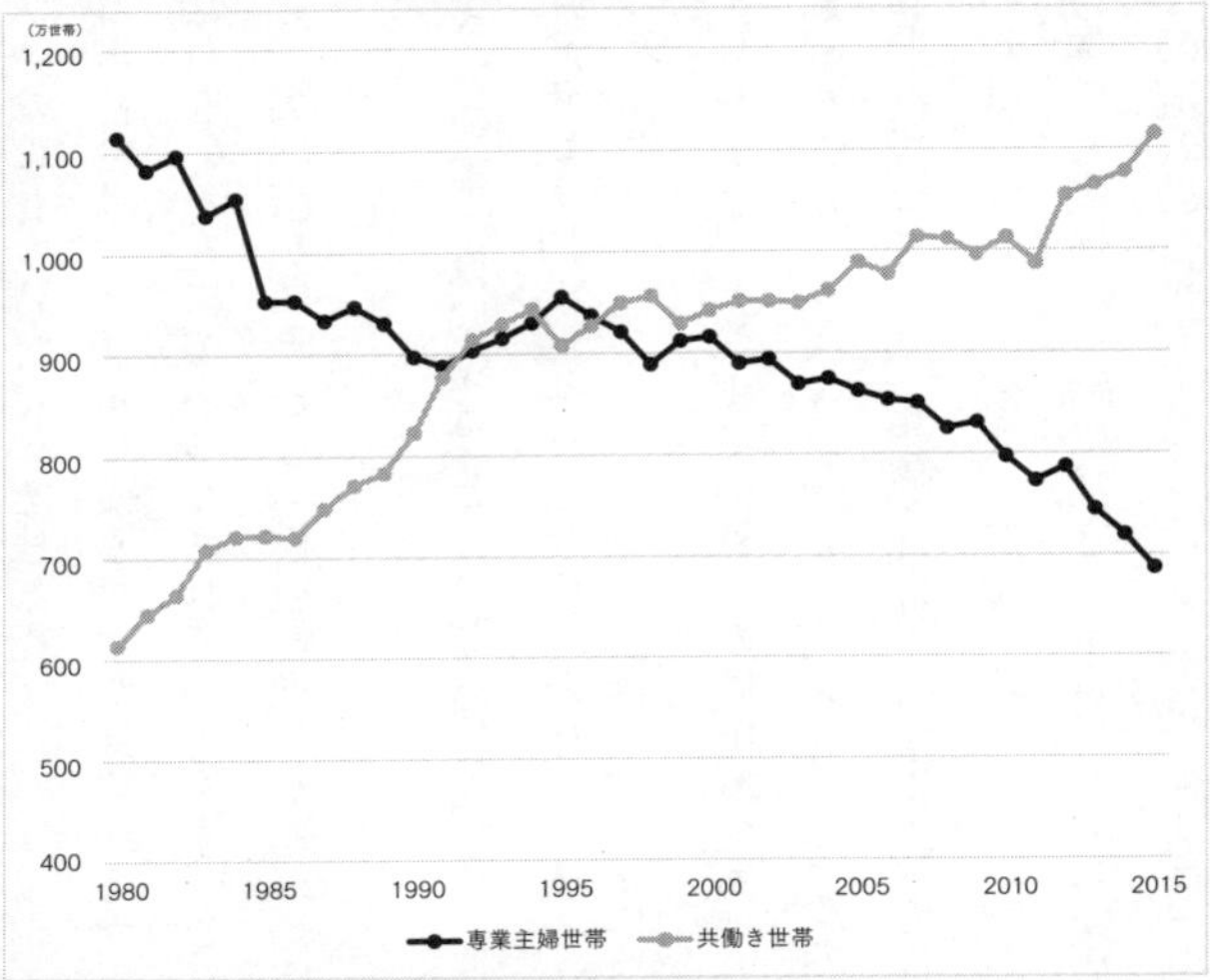

出典：厚生労働省「厚生労働白書」、内閣府「男女共同参画白書」（いずれも平成26年版）、総務省「労働力調査特別調査」（2001年以前）及び総務省「労働力調査（詳細集計）」（2002年以降）

が、97年に一部改正されたことです。この改正では、女性保護のために設けられていた時間外や休日労働、深夜業務などの規制が廃止されたのです。今は「働き方改革」の旗印の下《もと》、「深夜残業」も「時間外・休日勤務」も抑制しようという動きになっていますが、当時は女性も男性と同じように社会の一線で働くことが求められる時代だったので、まずは男性と同じ立場に女性を位置づけることに重点が置かれたのでした。

また一方でバブル崩壊によって今までのような好景気を期待できなくなった家庭は、男女関係なく深夜も休日も働かなければ家計を維持していけないような環境にあったともいえます。

企業内における働き方にも、大きな変革の波が押し寄せます。それまでは、会社における資料作成は、その多くが手書き、もしくはワープロを使うものでした。男性社員が作成した手書きの資料を、女性事務社員が受け取って、きれいにワープロで仕上げるといった、今思えばおそろしく能天気《のうてんき》なスピードで仕事は行なわれていました。

私は1980年代の後半、ボストンコンサルティンググループという世界有数のコンサルティングファームに勤務していましたが、当時でさえ徹夜して仕上げたプレゼン資料は、ロジックを組み上げた膨大な枚数の手書きのシートと、そこに貼り込む図表をアップルコンピューターで作図したものをプリントアウトして、そのまま秘書に手渡していました。

秘書はこれらの図表をハサミで切り取って、ワープロにはめ込み、美しいプレゼン資料に仕上げるというのが仕事だったのです。私たち若手社員にとっては、この作業を行なうおねえさんの機嫌を損《そこ》ねたら大変なことです。締め切りが迫る案件であればあるほど、彼女たちとの日頃からのコミュニケーション能力が問われる、そんな仕事スタイルだったのです。

ここに登場したのがWindows 95でした。それまでも計算ソフトとしてのLotus 1－2－3のようなソフトはありましたが、Windows 95の特長はネット接続の容易さにありました。企業にとってネットと常につながることは、仕事の効率性を飛躍的に高めることになります。

瞬時に世界中の情報網にアクセスができ、その情報を取り込み、ビジネスに活《い》かす。これまではそれぞれの関係機関に出向かなければわからなかったような情報に、机の前に居ながらにしてアクセスできるということは、ビジネス上においても実に画期的なことでした。

現在政府が進めている「労働生産性アップ」のための時間外労働の削減は、生産性の算式における「分母」を減らして数値をよく見えるようにしているだけですが、

Windows 95の登場は、算式の分子の部分、つまり仕事の量と質を一気に高める、まさに「イノベーション」だったのです。

男女が共に働き、格段に進歩した通信情報技術に支えられて、膨大な情報を処理し、ビジネスを行なう。１９９５年はビジネスにおける革命が起こった年であり、こうした革命に合わせたライフスタイルが求められていったのです。

政策が誘導した都心居住

夫婦がそれぞれに職を持つということは、どういうことでしょうか。これまでは専業主婦が担《にな》っていた「家事」と「子育て」を、夫婦で分担していかなければ家庭は成り立たなくなりました。

特に問題となるのが「子供」です。日本では小学校に入学するのは学齢6歳からです。それまでは子供を幼稚園か保育園に預けることになりますが、夫婦共働きを前提とすれば、夜まで子供を預かってくれる施設が必要になります。

仕事が終わり次第、早く子供を引き取らなければならない。それなのに、たとえば家は東京の郊外、家から会社までは通勤で1時間から1時間半、というのではとても生活は成り立ちません。

それまでは、家庭は夫だけのいわば「一気筒エンジン」でした。妻は専業主婦であるかぎり、自然環境もよく、子育てがしやすい郊外の住宅で何らの支障はありませんでした。夫だけが長時間の通勤に耐えてもらえば、妻と子は郊外生活をエンジョイできたのです。

ところが、夫婦共働きの「二気筒エンジン」の家庭では、夫婦がそろって地獄の通勤に耐えて、保育園に子供を受け取りに行くことは不可能です。当然、会社の近くに住居を構《かま》えることを選択するようになります。

それでも、都心は地価も高く、マンションなどとても買える水準になかったのが、これまでの東京でした。

ところが、やはり1995年に、あたかもこうしたライフスタイルの変化を見越していたかのような大変革が起こるのです。

それが、大都市法の改正です。この改正は、三大都市圏において深刻化する住宅問題の解決を図るために、三大都市圏の都心部において住宅供給目標量を定め、その実施のために、都心部の容積率（敷地面積に対して建設することができる建物床面積の割合）を大幅に緩和したものです。

バブル時代に地価が上がりすぎて一般国民には手が届かなくなった住宅を、都心部でも円滑に供給できるようにするというのが、本来の目的でした。

そこでデベロッパーが目をつけたのが、円高を嫌ってアジアに居を移した都心部、とりわけ湾岸エリアの工場跡地でした。多くの工場地帯で、容積率が２００％程度に抑《おさ》えられていたのが、軒並み４００％から６００％程度にまで大幅に引き上げられたというわけです。

デベロッパーは、湾岸部を中心に工場跡地を利用して、超高層マンションを次々と建設しました。容積率が倍になるということは、地価が変わらなければ、実質の地価はこれまでの半値ということになりますので、販売価格も低く抑えることができます。これまで手が届かなかったサラリーマン層でも都心で住宅が所有できる、画期的な改正といえました。

この規制緩和の効果は大きく、特に首都圏（東京、神奈川、千葉、埼玉）の都心部においては、急速な人口回帰現象が発生しました。

とりわけ、東京のど真ん中、中央区は1955年ころには16万人だった人口が、地価の高騰とともに郊外部へ人々が脱出し、97年には約7万人にまで落ち込んでいました。地元の小中学校では廃校が相次ぎ、もはや中央区は「人の住むところではない」とまでささやかれました。

しかし、この大都市法の改正以降、人口は戻り始め、現在では14万人にまで回復しています。今や中央区は若い家族も多く居住し、2016年における総人口に占める生産年齢人口の割合は71・5％と、全国一働き手の割合が高い自治体に「大変身」を遂げています。

今、日本の多くの自治体は、人口の減少と住民の高齢化による税収減で自治体内の社会インフラを維持、整備することが叶《かな》わなくなっています。そこで富山市や青森市などいくつかの自治体が打ち出しているのが、コンパクトシティという概念です。郊外に拡散してしまった住民を市内中心部に集めることで行政を効率化し、自治体財政を維持していこうという試みです。

しかし、首都圏では、住民のライフスタイルの変化と、その受け皿として湾岸エリアを中心とした工場地帯からの工場の撤退と、その有効活用としてのタワマン建設が見事に結びついて、「勝手に」コンパクト化していったといえるかもしれません。

都心居住への流れは、都心の不動産を見事に活性化させることに成功しました。東京中央区の月島《つきしま》や晴海《はるみ》、江東区の東雲《しののめ》や港区の台場《だいば》に続々建ち上がるタワマンにデベロッパー各社は活路を見出し、不動産価格は高騰していきました。

都心に人が戻るということは、都心にあった商業施設の活性化にもつながりました。休日のデパートに人が戻り、新たな需要を見越した物販や飲食店がオープンするなど、「働く人だけ」の街だった東京都心の彩《いろど》りが大きく変わったのです。

郊外住宅の憂鬱《ゆううつ》

都心居住の流れは、これまで都心に通うサラリーマンの牙城《がじょう》であった郊外住宅の価値を著《いちじる》しく損なうものとなりました。

埼玉県比企《ひき》郡鳩山《はとやま》町。東武東上線「高坂《たかさか》」駅からバスで10分ほどのところに1970年代から90年代にかけて開発、分譲された「鳩山ニュータウン」があります。この街は新日本都市開発（2003年8月に特別清算）が開発した埼玉県を代表するニュータウンです。

「高坂」駅から「池袋」駅までは急行で52分。大手町などの都心に出るにはバスや乗り換え時間も含めればドアツゥドアで約1時間半の距離です。

鳩山ニュータウンが売り出されたのは、日本経済が急成長を遂げた時代。90年代に売り出されたニュータウン内の松韻坂《しょういんざか》地区は戸当たり1億円を超える分譲価格が付いたことでも、当時大変な話題になりました。

そんな鳩山ニュータウンは、現在どんな状態になっているのでしょうか。鳩山町の人口統計を見るとニュータウンを構成する「松ヶ丘」「楓《かえで》ヶ丘」「鳩ヶ丘」の3地区の人口は、2000年には9979人であったものが2017年12月では7256人、17年間でなんとその数は27％も減少しています。

さらに今後は減少の一途をたどり、2040年には人口は5100人にまで減少す

鳩山ニュータウンの上空写真（1982年）

る見込みになっています。問題は人口だけでなく、激しく進行する高齢化です。２０１５年で総人口に占める65歳以上の高齢者の割合はすでに44・１％にも達しています。この数値は全国平均の27・３％を大幅に上回っており、２０４０年には53・９％となんと住民二人に一人以上が高齢者になることが予測されているのです。

現在は空き家こそ、ニュータウンが属する鳩山町全体ではまだ8・９％（２０１３年住宅・土地統計調査）と県全体の空き家率10・９％を下回っていますが、今後人口の多くを占める高齢者が一斉に亡くなると、多くの住宅が空き家になることが予測されるため、この街が将来にわたって存続できるのか危ぶまれます。

住民の減少、高齢化と空き家化の進行は、タウン内の商業施設が撤退する要因となります。今全国の地方都市で話題となっている街の「孤立」化は、遠くない将来、首都圏のニュータウンでも着実に生じてくる問題になってきているのです。問題は商業施設のみならず、学校の統廃合、医院の閉鎖などが、これらの郊外住宅地で確実に起こってくることを意味しています。

鳩山ニュータウン内の瀟洒《しょうしゃ》な家を眺めていると、なぜここで育った子供たちや孫たちが「故郷《ふるさと》」に戻ってこないのだろうと訝《いぶか》りますが、戻りようがないのです。この街に現代の共働き世帯が暮らせる条件は何一つ揃ってはいないのです。

こうした現象は、当然ですが不動産価格にも如実に反映されます。鳩山ニュータウン内の中古戸建て住宅は、場所や物件によりますが、現在では売り出し価格は６００万円台にまで落ち込んでいます。

郊外住宅の価値下落は何も鳩山ニュータウンに限った話ではありません。千葉県や神奈川県でも、都心までの通勤が1時間を超えるようなエリアでは不動産価格は大幅な下落を示しています。

平成バブル時にこれらのエリアで住宅を購入した層は、購入時の価格のおおむね1割から2割程度の価格にまで落ち込んでいる、というのが実態です。

また郊外住宅といえば戸建て住宅ばかりが想像されがちですが、今や首都圏の代表的ベッドタウンである千葉県の松戸市や船橋市で、私鉄の支線や駅からバスでアクセスするようなマンションになると、築30年程度のものであっても中古の売り出し価格が250万円程度と「くるま一台分」くらいの値段になっているような事例も珍しくなくなっています。

そしてこの現象はどうやら2020年以降の四半世紀で、さらに明確な「流れ」になっていくことが予想されます。

団塊《だんかい》の世代の多くが郊外に住宅を買い求めたのは、地価が高騰した1970年代から90年代はじめにかけてでした。都心の土地は高すぎて手が出ない中、人々は都心から放射状に延びる鉄道沿線に住宅を探し求め、郊外の環境の良い戸建て住宅を選択し、1時間から1時間半の通勤に耐え、定年退職まで住宅ローンの負担にも耐えて「家」という財産を手にしてきました。

ところが、多くの住民がリタイアして、残された現在の状況は、子供は帰らず、老朽化した住宅と、老いた住民だけが取り残されるという取り合わせになっています。将来予測を見る限り不動産価値が上昇する可能性は小さいといわざるをえません。

今回の不動産バブルは郊外住宅にはまったくなんの影響も与えていませんし、今後も値上がりなど望むべくもない状況なのです。

不動産オーナーの二極化現象

1995年あたりを境に変わってきたもう一つの現象が、不動産オーナーの懐《ふところ》具合です。不動産オーナーといえば、すぐに思い浮かぶのはアパートオーナーですが、不動産もいろいろ。オフィスビルオーナーもいれば、マンション一棟を所有しているオーナーもいます。サラリーマンが資産運用として所有するワンルームマンションオーナーなどもいます。土地だけを貸地として運用している土地オーナーもいます。

不動産を持って運用、つまり賃貸することのメリットは何でしょうか。当然賃料を収受できることです。昔から不動産大家は、町の「お金持ち」「左団扇《うちわ》で楽々」といったイメージがあります。

それもそのはず、特に首都圏などの大都市圏の郊外では、続々地方から都会にやってくる大量の人々にとっての住宅が、常に払底《ふってい》状態にありました。

たいして不動産に知識がなくとも、余っている農地や遊休地に銀行や不動産屋の言いなりにアパートを建てても、あっという間《ま》に満室となり、家賃収入が入ってきます。アパートは学生さんのような若い人が中心なので、卒業したりするとアパートを出ていきます。しかし、また同じように新しい学生さんが入居してきます。

テナントが入れ替わるたびに、礼金などの副収入も入ってくる。家賃も経済の発展とともに上昇していますが、テナントがそのままではなかなか家賃の値上げをするのも面倒くさいです。ところがテナントが入れ替わるのであれば、新しい家賃で入居する、つまり収入はますますアップする。こんな構造にありました。

都心の中小ビルオーナーも儲かりました。それまで八百屋や蕎麦《そば》屋を営んでいたような商店も戦後、オフィスエリアが拡大するにつれて商売をやめてオフィスビルに建て替えました。

戦後、事業所の数はどんどん増加を続け、中小オフィスビルはその受け皿としての機能を果たしました。「賃料とは上がるもの」、平成バブル崩壊まで、日本の大都市の賃料は経年とともに「必ず上がる」という素晴らしい環境下にありました。

オフィスビルオーナーはアパートオーナーよりもさらに「楽ちん」な稼業でした。アパート住民は建物内で生活をするので、いろいろなトラブルを起こします。トイレや風呂が詰まった、お湯が出ないなどは序の口、隣人の声がうるさい、ゴミ出しルールが守れない、男女の痴話げんか、家賃の滞納など、オーナーはまるで「人間動物園」の運営者のようです。

一方でビルオーナーは所詮、法人相手のハコ貸しです。夜は基本、帰ってくれるし、テナントが建物内で生活するわけではないので水回りなどのトラブルは少ない。アパートに比べれば法人相手なので賃料などの「とりっぱぐれ」も少ない、など運営は比較的楽なのです。

ワンルームマンションオーナーは、もともと「節税」が目的です。建物の減価償却や借入金の金利、管理に伴う諸費用などを「経費」として落として、不動産所得の赤字をわざわざ創出して、節税をしようなどというひねくれた動機で買っていますので、管理などは専門会社に任せきりです。不動産についても実はさして関心がない、などというオーナーも多いのです。

さて、こんな悠々自適に見える不動産オーナーにも、今は「格差」がつき始めています。原因は人口の減少と高齢化、それに伴う経済活動の活力の低下です。

人口の減少と高齢化は、１９９５年までの日本の黄金時代には大量に存在した「若者」の激減を意味しています。以前はアパートといえば、学生かまたは結婚前の若者が住む住居でした。しかし、今では高齢者がその割合を高めています。若者はまだ将来に夢や希望があります。アパートは一生懸命勉強し、働いてやがては新しい住居にステップアップして去っていく際の「仮の棲家《すみか》」でした。

ところが今、アパートに入居するような高齢者は、身寄りのない、経済力に乏《とぼ》しい高齢者たちが中心です。当然入れ替わりは少なく「終《つい》の棲家」と化しています。家賃負担には限界があります。

その一方で、相変わらず相続対策の名目で、エリア内での需給バランスなど一切考慮せずに、新しいアパートは続々建設されます。空室が増え、家賃が下がる、加えてオーナーは高齢化する、借入金の残債は残ったままという図式になっているのです。

中小ビルも然《しか》りです。大企業中心の社会になり、オフィスでの仕事がどんどん高度化していくにつれ、テナントがオーナーに要求する水準は高くなる一方です。耐震性はもとより、BCP (Business Continuity Planning) などで謳われる「事業継続性」を大震災などの災害時に保証させるような要求が出るに至っては、中小オフィスビルオーナーにはもはやお手上げです。自らの高齢化はもちろん、建物自体も築40年あるいは50年を経過して老朽化が著しく、建て替えや大規模修繕に費やす費用にも事欠くありさまに陥っています。

平成バブル時に「節税」目的で購入したワンルームマンションも、その後続々と建てられる新しいワンルームマンションにテナントを奪われる構図は、アパートと同じです。平成バブル時にワンルームを買ったサラリーマンの多くは、すでに定年退職をしています。所得税の節税が大きな目的だったはずですが、もはや損益通算《そんえきつうさん》（所得税計算の際に、不動産所得などの金額に損失が生じた場合に、その額を他の所得の金額から控除すること）を行なうはずの給与所得もない状態。空室を防ぐために高齢者や外国人にも貸さざるをえない事態となっています。

このように95年以降、日本の抱える構造的問題は広く不動産オーナーにも影響を及ぼし始めています。常に潤沢な資金でテナント側のニーズの変化に対応できるデベロッパーなどの大企業は不動産オーナーとして生き残り、個人や中小の不動産オーナーはその存続に苦しむ「二極化」の時代を迎えているのが、現在なのです。

地方創生の悩み

日本の地方は戦後から高度成長期、そして平成に至るまで常に「ひと」を都会に供給し続けてきました。

この間、東京への一極集中を改め、地方の人口減少を押しとどめ、国土の均衡ある発展を目指すという政策は何度も策定されました。かつて田中角栄《たなかかくえい》が自らの著書『日本列島改造論』で唱《とな》えたのも、地方経済を豊かにするために全国に高速道路や新幹線を整備していこうというものでした。

しかし、角栄の狙いとは異なり、日本列島中に張り巡らされた新幹線や高速道路は、「ストロー現象」などと呼ばれるように、結局地方から都会に人を「吸い上げる」役目しか果たしませんでした。これらのインフラ施設はすべて、地方から都会に向かう「上り」経済のツールでしかなかったのです。

地方をなんとかしよう、もう一度輝きを取り戻そうという動きは、2014年9月に第二次安倍内閣が発足した時に掲げられた「地方創生」のスローガンにも示されています。

あれから3年以上の時が経過しました。最初に地方創生担当大臣に石破茂《いしばしげる》さんが就任した頃は、メディアでは、ほぼ毎日のように地方創生の単語を見つけることができましたし、地方創生に取り組む自治体や関係者の姿が頻々《ひんぴん》に報じられたものです。

ところが最近では地方創生というスローガンは、国会でもメディアでもあたかもどこかに忘れ去られてしまったかのような扱いとなり、いつのまにか「一億総活躍社会」にその名を変え、2017年10月の総選挙後は、「働き方改革」「生産性革命」へと猫の目のように政策が変わる中、地方創生は日陰者扱いになりつつあるというのが現状です。

もともと日本の地方発展の施策は、高度成長期以降、「製造業」中心の経済において、もっぱら工業団地の造成と造成した団地への工場の誘致というステレオタイプなものばかりが繰《く》り返し行なわれてきた、という歴史があります。

地域の産業振興と雇用の確保というのが目的ですが、これらの工場の多くは所詮、大企業を頂点とする巨大なピラミッドの一部に組み込まれていて、一定の雇用が確保できたとしても、その結果として地域自体の文化が育《はぐく》まれ、地域の基盤や根幹となるような振興策ではありませんでした。

加えて、90年代後半以降は、円高を嫌気《いやけ》して多くの工場はアジアにその拠点を移し、自治体はいくら土地を造成して、有利な税制などを拵《こしら》えて企業を誘致しようにも、反応する企業は少なく、もはやこの方程式がまったく通用しなくなってしまっていることに今、多くの自治体が困惑しています。

地方創生では、地方の自立的な発展を目指して多くの施策を自治体独自で作り出すよう仕向けていますが、現状での地方創生は相変わらず安っぽい「ゆるキャラ」の闊《かっ》歩《ぽ》と、何も特別に食べに行かなくてもよいようなB級グルメの押し売りばかりというのが、実態です。

外国人観光客を呼び込むことも各地で試みられていますが、どうも外国人が好む日本の景色や風物、食事やサービスと、地方が勝手に考える「おもてなし」との間にも、ギャップが大きいことも明らかになっています。

第1章でもふれたように、外国人は勝手に日本中を歩き回って、気に入ったもの、気に入ったところであれば、惜《お》しげもなくお金を使います。それは商品であっても不動産であっても同じです。

京都などで古民家に宿泊することが外国人の間では「ワンダフル」と喝采《かっさい》されるように、彼らが好む不動産も私たち日本人の常識から判断してはならないようです。

日本の地方都市は、実はここ数十年でずいぶんと豊かになりました。今では地方の中核都市に行けば、東京人でもびっくりするような立派な美術館、図書館、アリーナ、ドーム付き競技場など、公共施設の充実ぶりには目を見張らされます。
しかし、冷静な目で見ればこれらの施設は、住民が利用するにはあまりに豪華すぎる一方で、不動産の価値としては対外的には何も発信できていない施設にも映《うつ》ります。

たしかに札仙広福（札幌・仙台・広島・福岡）といわれる地方四市くらいにまで、今回の不動産バブルはやってきているかもしれませんが、その他の地方中核都市に及んでいない理由は明らかです。つまり、対外的には「不動産としての価値がない」ということなのです。外国人の審美眼は、ある意味とてもドライです。

不動産における都会と地方の差は広がるばかりです。人口減少と高齢化の歯止めがかからない地方は今後「いかにして人を呼び込むか」、そのソフトとしての事業戦略を組み立てるべき時が来ています。それは単なる移住やＵターン、Ｉターンを念仏のように唱えるのではなく、都会から人を買うリクルート戦略とその人が使う不動産の付加価値をいかに高めていけるかに、かかっているのです。

投資マネーが都心不動産価格を支えている

都会の不動産は値上がりし、地方にはその恩恵が来ない。この構図は平成バブル時によく言われた、たとえば「大分にはバブルは来なかった」といったレベルではなく、エリアによる「不動産格差」は、平成バブル時以上に拡大する一方になっています。

平成バブル時は、多くの法人個人がこの宴《うたげ》に参戦し、日本全体がバブルに酔いしれたところがありました。しかし、今回の不動産の好況について、ほとんどの人がその恩恵に与《あずか》れていないどころか、「怪しい」「そんなわけないだろ」とやや冷めた表情で傍観しているというのが正直な感想なのではないでしょうか。

この背景には、前回のバブル時と比べて、不動産が金融と深く結びついてしまったところに原因があります。

本来不動産は、世界的に見てもきわめてドメスティックな存在です。つまり、不動産とは読んで字の如く、「動かせない」ものであるからです。車などの工業製品は船に積んで世界中どこにでも運び出すことができますが、不動産は運ぶどころか動かすことすらできません。そのために不動産は、存在する国や地域のルールに縛られ、その国や地域の景気の動向に敏感に反応してしまいます。工業製品のように世界標準ルールを適用するのが難しく、「外」から見ると、実に「扱いづらい」対象だったのです。

この扱いづらい不動産を「投資対象」として仕立て上げたのが、「不動産の証券化」と呼ばれるものです。簡単に言ってしまえば、不動産の証券化とは「不動産をより扱いやすいペーパー（証券）の形」に変換して、市場で自由に、瞬時に取引できるようにしてしまったのです。

日本では、こうした動きは１９９０年代の後半から始まりました。平成バブル崩壊後、低迷していた不動産を、この証券化という手法で解きほぐしていったのです。具体的には、平成バブル時に不動産に大量のお金を貸し込んで「塩漬け」になっていた銀行の不良債権を外資系金融機関が買い取って、ばらばらに小口化して世界の市場で売却しました。不動産に「金融」という手法が入り込んだ瞬間です。

証券にするということは、当然その裏づけとなる、不動産に関する情報を開示する必要が出てきます。土地が汚染物質などで汚されていないか、建物の耐震性は大丈夫かなどといった不動産インスペクション（調査）は、世界共通ルールのもとに整備されていきました。

その結果、これまで閉ざされていた日本の不動産が、世界で評価されるチャンスが生まれたのでした。

私は日本における大型オフィスビル初の不動産証券化案件を経験した一人です。2000年初頭、当時私が勤務していた三井不動産とアメリカの生命保険会社ＡＩＧは共同で東京虎ノ門にある新日鉱ビル（現・虎ノ門ツインビルディング）を買収しましたが、この買収の際に使われたのが、不動産証券化のツールでした。

今でも印象に残っているのはこのディール（取引）の際、三井不動産側の私たちは虎ノ門という立地のすばらしさや、建物の設備仕様、管理状況の良さなどに注目し、いわば「立地と建物のすばらしさ」という不動産の基本中の基本を高く評価して、このビルを早くわが物にしたいという一途《いちず》な想《おも》いで仕事をしていたのに比べ、ニューヨークからやってくるＡＩＧの幹部たちは、会議の席上でとにかく利回り、数字ばかりを議論していたことです。

物件を尊ぶ不動産屋の三井と、利回りという数字のみを判断根拠とするＡＩＧのドライな姿勢の差を今も鮮明に思い出すことができます。世界共通ルールにしか興味がないＡＩＧと、相変わらずドメスティックな虎ノ門のビルという評価に酔いしれる私たちの違い、といってもよいかもしれません。

今回の不動産の値上がりは、まさにこの金融資本主義に裏づけられた世界の投資マネーが参戦していることが、ポイントです。そして、ここが一番重要なのですが、彼らにとっては日本の人口減少だとか年齢構成の高齢化というのは「さして問題にはならない」程度の事象にすぎない、ということです。

もちろん中長期的に日本が衰退するのではないかという危惧《きぐ》は、彼らにだってあります。しかし、彼らにとって重要なのは、今、この日本で「なんぼ稼げるか」であり、投資するにあたって日本はしっかりとした制度整備ができていて、投資対象として安全かどうかであり、最終的には投資にあたっての「投資利回り」、それは物件の運用利回りのみならず、最終出口にあたっての売却価格を含めた投資利回りとして「買い」

であるかどうかを見極めて投資を行なっているにすぎない、ということなのです。

このように整理してみると、現在三大都市や地方四市、そして一部のリゾート地だけを席巻している投資マネーの流れを理解できると思います。

彼らにとって日本のオフィスや住宅に対する「実需」なんて、所詮数年という時間軸での投資にすぎない限りにおいて、「関係ナッシング」なのです。

海外投資家による不動産購入は、ここにきて加速しています。都市未来総合研究所の調べによれば、2017年の海外投資家による日本の不動産取得額は1兆1000億円に及び、対前年比3倍の伸びを記録しました。不動産取得額に占める海外投資家の割合も24%という高さです。

彼らから見れば、日本の大都市は都市による違いは関係なく、とりあえず安心安全な投資エリアと映っているのかもしれません。

今でも忘れることができないエピソードがあります。私がREITの運用会社社長の時、IRで訪れたアメリカ人投資家に大阪で買った商業施設の説明をした時の反応です。物件に対する私の説明を途中で遮《さえぎ》った彼は、たったひとこと。

「で、利回りは？」

利回りを説明しながら、

「でも大阪なのでもう少し利回りをとりたいところですが、これから内部成長（賃料アップ）させていきますんで」

と苦しい言い訳をする私に、

「別にいいではないか。これだけ利回りがあれば、ふん」

と答えたのでした。

実は彼は、東京と大阪の違いすらよくわかってはいなかったのです。私から見れば、大阪の商業施設は東京よりキャップレート（還元利回り。42ページ参照）はもう少し高く（リスクを低く）買うべきだと思っていたので必死に言い訳を試みたわけでしたが、彼にとってはそれこそ利回りという数字だけがすべてであり、「オオサカ」とか「トウキョウ」なんて地名はどうでもよかったのです。

さらに「上がる」? 都心不動産の条件

メディアでは、すでに平成バブル時に匹敵するほどの値上がりを見せている日本の不動産の現状について、「上がりすぎた」「もうバブルが弾《はじ》けるのではないか」といった論調が強くなっています。

たしかに、不動産事業を実際に営《いとな》む私からみても、最近の都内における不動産取引価格は「おいおい、大丈夫かよ」といった内容のものが多くなっています。都内ではキャップレートが3%前半などという事例が珍しくなくなってきています。長く不動産投資に関わってきた私から見ても、なにやら最近の取引は壮大なチキンレースが行なわれているようにも映ります。

一方で、海外投資家による日本の不動産買いにはブレーキがかかるどころか「加速」しているというのは、いったいどういうことでしょうか。

彼らから見れば、まだまだ日本の不動産には「余力」があるのです。「余力」という意味は、日本がこれから世界的にも大いに成長するだろうとか、オフィスやマンションの需要が大量に発生するだろうなどということではありません。

彼らが見ているのは「イールドギャップ」というやつです。イールドギャップとは、投資物件の利回りと、長期金利の差のことです。不動産を買う場合、巨額のお金が必要になりますから、普通はお金を調達してきて投資を行ないます。つまり借入金を調達します。

現在日本の金利は、政府日銀の大幅な金融緩和政策の恩恵で非常に低いレートでの調達が可能となっています。また、国内では最も安全な債券といわれる日本国債のレートは、10年物利回りで約0・05％という「豆粒」のような水準です。

投資の世界では、自分の投資しようと考えている対象の利回りが、調達金利や世の中で最も安全性の高い金融商品の利回りに比べてどのくらい高いレートであるかを、投資する際のリスク判断材料としています。

この理屈でいえば、たとえば東京のオフィスビルを利回り3％で買ったとしても、日本での調達レートはおそらく1％以下。また日本国債のレートと比較すれば2・95％ものリスクプレミアムが載っていると判断するのです。リスクプレミアムとは、国債に比べたリスクと言い換えてもよいでしょう。また調達金利との差額も2％以上の差があると判断して、「この投資は安全、大丈夫」とするのです。

このリスクプレミアムの幅は、その時々の世界情勢や今後の見通しに応じて「伸びたり縮んだり」します。現在はどちらかといえばリスクプレミアムに対してポジティブ（積極的）＝リスクプレミアムは小さくてよい、という状態にあるのが、日本に対する彼らの見方です。

彼らは結局どうやって儲けるのかといえば、3％のキャップレートで仕入れた東京のオフィスビル（証券化されていますが）の権利を、数カ月から2、3年後までの間に、キャップレート2・5％で買う投資家が出てくると見ていて、その投資家に売却（出口＝エグジット）することで利益を確保しようとしているのです。

簡単なモデルでお話ししましょう。東京中心部のオフィスビルを100億円、3％の投資利回りで買うとします。この投資の意味は100億円支払って買ったビルから毎年、諸経費を除いた利益3億円が手元に残るという投資です。3億円の年間利益しか出なくても価値があると見なすのは、数カ月後、同じ3億円の年間利益のビルを120億円払ってでも買いたいという投資家（つまり3億円÷120億円＝利回り2・5

％）が現われる可能性があると考え、そうなれば彼らにとっては差し引き20億円もの利益を出口で手にできると想定できるから「買う」という判断を行なうのです。

もちろん、３億円だった年間利益が賃料などの上昇で４億円に上がっていれば、投資家目線としては同じ３％の利回りであっても１３３億円（４億円÷３％）の値段をつける投資家が現われるという目論見《もくろみ》になるわけです。

このように３％で買って２・５％で売って儲けるようなやり方をアービトラージ（鞘取《さやと》り）取引といいます。マネーゲームをやる人たちにとっては、ごくあたりまえの考え方です。

結局彼らは、こうした数字上でのゲームをやっているだけなのです。チキンレースと呼ばれるのも、まだまだ今後もキャップレートは下がる（価格は上がる）と見るか、東京のオフィス賃料が上がる（キャップレートが上がったことに伴って、利回り調整が生じて価格が上がる）と見るか、あたかも麻雀《マージャン》の卓を囲んでいるような光景なのです。

金融資本主義というのはこんなものです。所詮、日本の将来やらなにやらをまともに分析している姿など、私はほとんどお目にかかったことがありません。むしろ、自分たちの投資を成功裏《り》に終わらせるために、彼らはさまざまなフェイクニュースを拵《こしら》えたりさえします。

そして結局、最後に誰かが「ババ」を掴んでこのマネーゲームはいったん「お開き」ということになります。「いったん」と言ったのは、ゲームはまたどこかで再開されるからです。上がり切れば売り、下がり切れば買う、この単純な投資ゲームに付き合わされる真面目なビルオーナーやビル管理など、実業を司《つかさど》る方たちにとってはある意味迷惑この上ない世界なのかもしれません。

さて、最後の利益とりを目指して、チキンレースはさらに加速するのでしょうか。都心の不動産はそうした意味でまだ、上がるかもしれません。そのための条件とはなんでしょうか。

投資家たちの「絶えざる欲望」です。少し心配なのが、海外投資家でも2017年あたりから、あまり日本に馴染《なじ》みのない国の年金基金やら投資ファンドやらが入ってきていることです。彼らが最後のババ掴みであれば、そろそろ宴《うたげ》はお開きなのです。

郊外でも人が集まる街

都心には投資マネーが入り込んで、勝手に市場を形成しています。そこには、日本国内の実情だとか、需給バランスなどはあまり考慮されてはいません。

逆にいえば、投資マネーが入ってこない郊外は今後どうなってしまうのでしょうか。鳩山ニュータウンなどで起こっている事象は、今や日本全国の郊外で現在進行形となっています。

しかし私から見れば、郊外不動産はすこぶる純粋にその街が持っている利便性やら持続可能性、そして街そのものが持っている魅力がストレートに不動産評価に表われるため、わかりやすい存在だともいえます。

今の流行はなんといっても都心居住です。しかしその一方で、相変わらず自然環境のよい郊外で子育てをしたいという家庭も多くあります。

では郊外で「人が集まる」魅力的な条件とはなんでしょうか。人が集まらないと地域は活性化できないからです。今の地方を眺めれば多くのエリアは、「人が逃げていく街」と化してしまっています。人が逃げていくような街では、商業施設やバスなどの交通網、利便施設は縮小し、学校などの教育施設は閉鎖されるなど、街としての持続可能性が保てなくなっています。いくら自然環境が豊かであっても安心して住み続けることはできません。

人が集まり、不動産がその価値を保ち続ける街の条件は、「職」「商」「住」が混在していること、および住民が「三世代」に跨《また》がっていることです。日本の多くのニュータウンといわれた新興住宅地は、「住」の機能だけを追い求め、しかも短い時期に集中して分譲してしまったために、街の年齢構成が偏在してしまいました。

同じような価値観を持ち、同じような経済条件の家庭が同じ時期に一斉に入居してくるのは、ある意味「居心地」のよさを感じる部分もありますが、一方で人は老いていき、建物は老朽化していきます。一定の世代交代が行なわれないまま時が経過すると、鳩山ニュータウンのように住民が一斉に歳《とし》をとり、徐々にオールドタウン化して、元には戻れない状態になってしまいます。

街も人間の体と同じく「新陳代謝」が必要であるのは、このことが理由です。

人が三世代に跨ることで、常に街には若者がいて高齢者がいる。さまざまなコミュニティーが形成されて、そこに文化や芸術が生まれる。この好循環を街としていかに創出していくかが問われているのです。そしてこの三世代が何回転かするうちに、その街は街らしく機能し始めるのです。

最近ではこれに外国人も加えてよいかもしれません。外国人が住むのは嫌だとステレオタイプな拒絶反応を示す向きもありますが、外国人とのコミュニケーションもまた新しい文化を生み出す素《もと》となります。

また街の中に「職」の環境が整備されていれば、街の昼間人口が維持されます。住民が日中まったく姿を消してしまうような街では、活力は生まれません。他所《よそ》から街に人が出入りすることによって、常に「外」の世界と触れ合い、刺激を得ることで街は活性化します。また、そこに出入りする人も含めて「商」が入ってきます。

人が出入りすることで、新しい流行やトレンドに敏感になるために「商」も新陳代謝を繰り返し始めます。

こうした関係を作り出すことができれば、郊外であっても人が集まり、人が集まることによって不動産も活性化されます。ということは、不動産価値が保たれ、上昇することになります。

ただし、この世界には投資マネーはまずやってはきません。あくまでも需給バランスによって成り立つ不動産価格のみが形成されているからです。日本は昔と違って人口が爆発的に増加するわけでもありませんし、鉄道が開通して沿線の住宅需要が一気に顕在化するなどといった「昔の方程式」はそもそも成立しなくなっています。

しかし、これこそが本当の不動産価値ともいえるものなのかもしれません。バブルとは無縁の値上がりを享受することを狙って投資をしてみるのも、正しい投資といえるのです。

第3章

やがてくる崩壊への序曲

～予兆は束《たば》になって襲ってくる

首都圏大量相続時代を迎えて

前章では1995年からの四半世紀に関して不動産は「金融」とつながり、市場はかなり荒っぽい展開を見せるようになったと言いました。

さて1995年からの四半世紀といえば2020年までです。まさに東京五輪開催の年にあたります。世間ではなんとなく、このアベノミクスに端《たん》を発した好況は2020年頃までは持つのではないかといった楽観的な観測が目立ちます。たしかに、今のところ不動産市場が大きく崩れる兆候はまだそれほど顕著ではありません。

ところが、話を2020年以降に持っていくと、途端に関係者たちの口は重たくなります。なぜなら現在の好況が、日本の希望に満ちた明るい将来が明確に裏打ちされたものではないからです。

みせかけの好景気。つまり、株式と同じように国が支援にまわり、歴史上稀《まれ》に見る金融緩和の結果、市場に流れ出たマネーが不動産に投じられ、たまさか海外投資家などのマネーがこの動きに便乗して市場を席巻している構図がいつまでも続くとは、誰も考えてはいないからです。

　そこで本章では、とりわけ２０２０年の東京五輪以降に生じると思われる現実の問題をとりあげ、その結果として日本の不動産にどんなことが起こるのか、今の状況が不動産バブルであるのならば、バブルはどんな軌跡を描きながら「弾ける」のかを、考えてみることにしましょう。

　最初の視点が空き家問題です。この問題については２０１４年に拙著『空き家問題』（祥伝社新書）で詳しく取り上げ、大変多くの反響をいただきました。ここで私が強調したのは、空き家といえば多くの人が地方の親の実家などが親の死後に放置されてぼろぼろになった状態を思い浮かべるが、今後は首都圏でも郊外を中心に大量の空き家問題が勃発する危険性がきわめて高い、というものでした。

　現在首都圏に暮らす団塊世代と呼ばれる１９４７年から１９４９年にかけて生まれた世代は、２００万人を超えるといわれます。この人たち全員が後期高齢者となる満75歳に到達するのが２０２４年です。団塊世代は昔から人数が多いことから競争社会にもまれ、その中でも元気に生き抜き、常に日本をリードしてきた世代です。しかし、さすがに後期高齢者になってくると、病院や高齢者施設のお世話になる人も増えてきますし、相続も発生してきます。

彼らの子供たちを世間では団塊ジュニアといいます。年齢にして30歳後半から40歳前半が該当します。彼らは現在では社会人として中核世代を占めつつありますが、彼らの両親の多くが専業主婦世帯であったのとは対照的に、ほとんどが共働き世帯です。

団塊ジュニアの多くが、父親が住宅ローンを組んで買った郊外ニュータウンの住宅地で育ちました。幼いころから潤沢に教育費をかけられ、小学生から塾に通い、私立中学に合格し、毎日途方もないほど時間をかけて学校に通い、都内の大学を出て就職をしました。

そんな育ち方をした彼らに家の話を聞くと、みな口をそろえて言うのは、

「自分の住んでいた家や地域には特に愛着は感じない」

という述懐です。

あたりまえです。彼らの親が育ったような地方の家と異なり、整然と区画されたニュータウンで幼いころから野原で遊ぶ機会は少なく、物心ついてからは塾やお稽古事の連続で育ち、毎朝早起きして都内の私立中学、高校に通った身からすると、ニュー

タウンが「故郷」にはなりえないのです。

しかも夫婦共働き世帯があたりまえの時代になると、子供を抱えて郊外から通勤するライフスタイルはまったく通用しなくなっています。

そんな中で親に相続が発生すると、どうなるのでしょうか。

まず子供が親の家に「跡取り」として住むことはちょっと考えられません。彼らの多くは都心居住をすでに実践しているからです。

そこで彼らが目を向ける選択肢が2つです。「放置」するか「賃貸」して運用するか、です。「放置」する最大の理由は面倒くさいからです。人生80年時代にもなると、親はなかなか死にません。ということは、時間の経過とともに家財道具は増え続けます。

団塊ジュニアが目にするのは、実家に残された膨大な量の家財道具です。片付ける時間も気力もないのでとりあえずは放置して、たまに家の空気を入れ替えたりする程度の現状維持作戦という名の「問題先送り」を試みます。

しかし、戸建て住宅は意外と維持費がかかります。庭の草木は伸び放題となり、小動物が棲《す》みついたりすれば近所から苦情の嵐となります。年に数回の芝刈りや草木の剪定《せんてい》だけでもその費用は馬鹿になりません。マンションであれば、住んでいようとなかろうと毎月管理費、修繕維持積立金の支払いを求められます。

そしてとどめを刺すのが5月に届けられる固定資産税、都市計画税の納税通知書です。不動産は主《あるじ》がいなくなって使われていないものであっても、相続人に対して容赦なく請求されます。

こうした思わぬ費用負担に驚いて次に考えるのが「貸せばいいじゃん」ということでしょう。ところが、これも甘い考えであることがすぐにわかります。

自分たちですら、不便で愛着もないので都心居住を選んでいるのに、自分たちが捨てた家を今さらありがたがって借りてくれる人は、ほとんど存在しないのです。せっかく家財道具を片付けて、リニューアルなどを施《ほどこ》しても、ニーズのないところには借り手は現われてはくれません。

彼らが最終的に行きつくのが「とにかく売ろう」ということです。首都圏ではさすがに「まったく売れない」という住宅地はまだそれほど目立ってはいませんが、一部エリアでは、売却しようにもそもそも買い手がいない、あるいは一軒が150万円から200万円といった「車並み」の値段でしか買い手がつかないようなエリアも出現し始めています。

ということは、売るならば早いもの勝ちです。へたをすると永遠に税金を払い続けなければならない親の家を、ジュニアたちは持て余し、これらの家が大量に市場に出回り出すのは近い将来必定なのです。

農業続けますか？　～生産緑地制度の期限問題

2020年以降の日本の、とりわけ大都市近郊の不動産価値に大きな影響を及ぼしそうな時限爆弾が存在します。この爆弾がへたをすると2022年には爆発するという物騒《ぶっそう》な話となっているのです。

生産緑地法という法律をご存じでしょうか。

生産緑地法とは、1974年に、大都市圏の一部の市街化区域内における農地の宅地化を推進するために公布された法律です。この法によると、指定された区域内にある農地に「宅地並み」の固定資産税を課すことで都市部に残る農地を宅地化しようと考えられたものでした。当時は都市部に押し寄せる人々の受け皿として住宅用地が圧倒的に不足していた時代です。住宅用地をひねり出すために市街化区域内の農地を拠出させようというのが、法制定の本来の目的でした。

ところが、これに猛反発したのがこのエリアで多くの土地を持つ地主たちでした。彼らの多くは自分たちの財産である土地を守るためには「農地」という聖域を主張し、これを維持する必要がありました。そこで、区域内においてもまじめに農業をやろうとする住民に配慮して、91年3月に生産緑地法は改正になり、92年度より、改正法の下で生産緑地制度が導入されることになりました。

この制度は自治体に申請された農地で、敷地面積が500㎡以上で期間中は営農に専念するなどの一定条件を満たせば、30年間にわたって固定資産税は農地扱いとし、相続税については納税猶予を受けることも可能とするものでした。

対象となったのは、東京23区、首都圏、近畿圏、中部圏内の政令指定都市、その他整備法で規定された一部の地域です。

当時私は、三井不動産で地主さんたちの相続対策を立案する仕事をしていましたが、都市部の優良な土地を地主さんに生産緑地とされてしまうと、活用の提案もできなければ、マンションや戸建て用地として仕入れもできないということで、この制度の創設には落胆もし、憤慨《ふんがい》もしたものでした。

現在この生産緑地として登録されている面積は、どのくらいあるのでしょうか。国土交通省「都市計画現況調査」（平成26年）によれば、2014年3月末現在で1万3653ha。このうち首都圏（1都3県）で57%にあたる7747haが該当することとなります。わかりやすくいえば、東京ドーム（約4・7ha）1657個分という広大な面積の土地が、生産緑地として首都圏郊外部に眠っていることになるのです。

【図表⑦】

生産緑地制度導入時は「あと30年も土地は出てこないのか」と嘆息したものでしたが、時は経《た》つものです。これら生産緑地の約8割がなんと2022年に期間満了を迎えることになるのです。

これまでは農業専門に働いてきた人たちも生産緑地にしてすでに30年が経てば、事

図表⑦ 都道府県別生産緑地面積（ha）

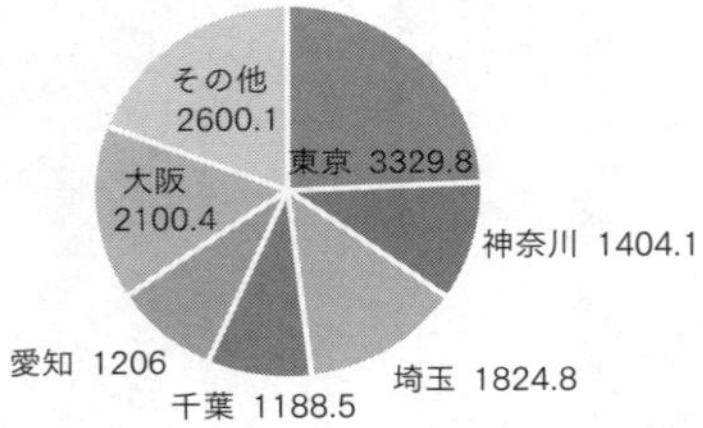

出典：国土交通省「都市計画現況調査」

業承継や相続の時期に差しかかります。２０２２年を契機に大量の都市農地が、生産緑地の解除を申請してくることが予想されます。

具体的には、30年を経過した生産緑地を解除する場合には、地元市町村に対して「買い取り申請」を行ない、時価で買い取ってもらうのが原則です。しかし、財政難にあえぐ自治体が多い中、生産緑地を買い取ることができる裕福なところはほとんどありません。

そこで自治体では他に生産緑地として買い取る人がいないか斡旋《あっせん》しますが、該当者がいなければ、申請者の土地には宅地並みの課税が施《ほどこ》されることになってしまいます。多くのオーナーは土地を有効活用するか、または売却しなければ、膨大な「宅地並み」の固定資産税を負担することは困難です。

２０２２年以降、都市部において生産緑地が大量に不動産市場に登場するということは、当然地価下落圧力が強まることが想像されます。また、宅地並みの固定資産税を賄《まかな》うために、アパートなどを建設して土地の有効利用を図る地主も増加することが予測されます。

政府ではこうした事態に備えて、生産緑地制度については10年ごとの期限延長を認める特定生産緑地制度の創設、面積要件の緩和、また制度に登録した農地を家庭菜園などで利用することの許可、農業法人に貸地として活用することの許可など、さまざまな「激変緩和措置」を採用し始めています。

しかし、どうでしょうか。今の都市郊外の農業の担《にな》い手《て》のほとんどが高齢者です。事業の承継が順調なところは少ないと考えられます。今さらお父さんの農業を引き継いで生産緑地として営農を続ける勇気のある後継者がどれほど出現するかには、疑問符をつけざるをえません。

ということは団塊世代の相続問題とあわせて、２０２０年代には大量の都市郊外の土地が不動産市場に放出される可能性が高い、ということになります。

生産緑地といっても、意外と良い場所にあります。大田区や世田谷区、練馬区などを歩くと、駅からほど近い場所に思いのほか畑が多いことに気づかされますが、これらの農地の多くが実は生産緑地なのです。

これらの土地が宅地やアパート、マンション用地として拠出されることは住宅を買おうと考えている消費者には朗報ですが、不動産価格はかなり下落するのではないかと危惧します。

もともとこれらの土地にバブルの萌芽《ほうが》があるわけではないのですが、今後、地価下落と不動産バブル崩壊とが一つのこととしてその存在がクローズアップされる可能性が高いと考えてよいでしょう。

長野県や山梨県で急増する賃貸アパート

国土交通省のサイトに「新設住宅着工統計」というデータがあります。このデータは日本全国で新設される住宅を「持家」「分譲住宅」「貸家」に分類して着工戸数を集計しています。

このデータを見ていると奇妙なことに気づきます。

まず、人口が２０１０年以降頭打ちから減少に向かっているにもかかわらず、新設住宅着工戸数は相変わらず年間90万戸程度存在することです。

もちろん日本の家屋は木造住宅が主流のため一定期間内で建て替えが発生しますので、「持家」の着工戸数がある程度維持されていることは理解ができます。ところが、「貸家」の項目を見ると、貸家の着工戸数は２０１６年で年間41万８５４３戸、これは前年比で11・４％もの高い伸びです。また住宅着工に占める割合が43％にも及んでいます。日本の新設住宅は貸家ニーズで保たれている、ということになります。

貸家とは、いわゆる賃貸アパートやマンションのことを指します。人口減少が進む日本で、賃貸需要がこれほどに増加する裏づけは残念ながらありません。

しかもこれを都道府県別に見ると、山梨や長野といった県での増加が顕著になっていたりするのです。なぜなのでしょうか。

この背景には、相続税などの節税を目的とした貸家着工需要の存在が浮き彫りになります。とりわけ地方居住者の高齢化が進み、地主を中心として相続に備えてアパートや賃貸マンションを建設して対策を取ろうという動きが顕著になったものと見受けられます。

特に2015年の相続税法の改正で、相続税評価額から控除できる基礎控除額の計算方式が改正になり、控除額が従来の60%に減額された影響が大きいものと思われます。思わぬ負担増を知った地主の多くがあわてて相続対策に走ったことが背景の一つとなっているのです。

そのようなわけで実際にはあまり賃貸需要が期待できないところでも、「節税」の目的が先行してアパートを建設してしまう。初めのうちこそ新しいアパートに入居するテナントがいるものの、周囲には同じように節税を目的とするアパートが次々と建設されてしまうために、数少ないテナントの奪い合いが発生する。

当初こそ借入金を返済するには十分な家賃水準であったものが、空き住戸が増え、テナント賃料は低下の一途となる。サブリース（又貸し、転貸）をしているから安心などといわれていましたが、サブリースとて万全な対策とはいえません。契約内容をよく理解しないまま契約を締結した結果、思い描いたような保証が受けられずにトラブルになるオーナーも増えているようです。

空き住戸が増え、テナント賃料が減額となれば建設当初に「対策」と思って借りた借入金の返済もままならなくなります。アパートはテナントがついていてこそ価値がありますが、空き住戸だらけのアパートでは売ることもできません。

今、地方では、空き住戸対策の究極の技《わざ》が生活保護世帯に貸すことになっているそうです。家賃は2万5０００円程度にしかなりませんが、確実に家賃が生活保護費から差し引かれて入金されるので、空けておくより安心というわけです。

こうした事態は、全国の津々浦々で現実問題として顕在化してきています。不動産オーナーの無知に付け込んだ悪質な営業もあるのかもしれませんが、オーナー側も自らの大切な不動産に対してあまりに無防備で定見を持たずに、「節税」だけの甘い誘惑に踊らされている側面があることも否定できません。

さすがに２０１６年11月、金融庁と日銀はアパートローンの融資に奔走する地銀などの金融機関に対して、実態把握に乗り出し、「中長期的視点に立ったリスク管理が必要」との見解を示しました。

この効果があったのか、2017年後半から貸家の着工戸数は対前年比でマイナスに転じましたが、貸家建設の節操のなさは今後も不動産市場を混乱させる要因の一つとなりそうです。

同じような状況は、東京などの大都市圏でもワンルームマンションなどで顕在化しつつあります。

平成バブル時に多数建設されたワンルームマンションは、サラリーマンの節税対策として脚光を浴びました。給与所得だけが収入だったサラリーマンが不動産所得で赤字を作り所得税の節税を図ったものですが、そのマンションがすでに築30年を迎えて大変な事態になっているのです。

原因はアパートとほぼ同じ構造で、その後続々と建ち上がったワンルームマンションとの競合に負け、家賃は低下を続け、住戸の維持が難しくなっているオーナーも出現しています。借入金の返済に苦しむオーナーは管理費や修繕積立金も払えず、中には外国人に貸し出す住戸も増えてきています。その結果、必要な修繕ができない、あるいはマンション内の治安が悪化して、住民が逃げ出すといったスラム化の道をたどり始めるマンションまで出始めているのが、実態です。

こうした需要を見極めずに建設する貸家は、それでも後を絶ちません。これらが不動産市場で底辺を這《は》いずり回り、全体相場に今後「負の影響」を与える可能性は大いにあると思われます。

不動産は好むと好まざるに関係なく、激しい二極化の道を突き進んでいるのです。

侮《あなど》ってはいけない「金利」と「有事」

住宅ローンを組む、あるいは不動産投資のためにローンを組む際に、最近よく聞かれる声があります。

「金利なんてクズみたいなもの。この先も上がらないだろうから一番低い条件の変動金利でいいんじゃね？」

「夫婦で稼いでいれば、返済もたいしたことないわ。それにローン減税で税金は戻ってくるし、お金を借りて儲けているようなものだわ」

期間35年ものローンを組むことに対して発せられるセリフに、次のようなものがあります。

「うちは大企業だし、つぶれないから安心よね」

「返済は70歳までだけど、最後は退職金で全部返すから平気」

住宅を買うのは人生最大の買い物でもあるので、心の高揚があることはよくわかります。ローン金利は史上最低レートともいわれ、変動金利を選択すれば銀行によっては0・5％を下回る破格のレート設定がなされているところもあります。期間も、「フラット35」などを利用すれば35年、返済年齢最長80歳までのローンを組むことも可能です。

なんとも好条件がそろっているわけですから、「買わなきゃ損」「借りなきゃ損」という気持ちにもなろうというものです。

しかし、こうした会話を聞いて、長く不動産業界にいた私から見ると、「いかにも能天気な」セリフに聞こえてしまうのは思い過ごしでしょうか。私には彼らが、あまりに「金利」と「有事」に対して無防備に見えるからです。

金利とはお金を出す側から見れば、その対象（借りる人や企業、あるいは担保となる物件）にどれだけのリスクをかけるかのモノサシのようなものです。銀行は貸し出すための原資を、預金者や中央銀行などから調達します。そのコストにどれだけ利益を上積みすれば収益を上げることができるかを判断して、金利は設定されます。

現状はデフレ時代なので担保にとる住宅や不動産価格が値上がりする可能性は小さいものの、銀行の調達レートも非常に低い水準にあるので、そのレートに銀行の利益分を乗せても、消費者には「安い」金利が提供できているにすぎません。

銀行にとって、これまで住宅ローンは美味《おい》しい商品でした。長期にわたって借りてくれること、住宅を担保として確保できること、返済原資はサラリーマンなどの勤労所得から返済されることなど、銀行にとってもありがたい商品だったのです。

マイナス金利政策が採用される中、資金の貸出先に悩む銀行は、住宅ローンや消費者ローンに活路を見出《みいだ》そうとしてきましたが、当然ですが競合が激化するにつれ、低金利競争に陥り、ローンにおける利益率を押し下げ、今までのような美味しい商品ではなくなりつつあるのが現状です。

加えてこの世界的な低金利時代もそろそろ終焉《しゅうえん》が近づいているようで、２０１８

年はすでに米国FRB（連邦準備制度理事会）は数度にわたる利上げの意思を表明しています。米国や欧州に利上げの動きが強まれば、日本だけが「低金利、お金じゃぶじゃぶ」の惰眠をむさぼるわけにはいかなくなります。

金利は上下動するものなのです。そして今のような低金利が日本のように20年程度も続いているのは、歴史的に見ても「異常」な状態にあるといってよいのです。その異常な状態が「常態」と思い込んでしまうことに、リスクが隠されています。

「有事」についても同じことがいえます。最近の日本では「有事」といえば朝鮮半島のことしか頭にはないようですが、現代は、世界中のどこで起こるともわからない「有事」が一気に世界経済の風向きを変える可能性が、増しています。

２００８年に生じたいわゆる「リーマン・ショック」は、当時多くの識者から「対岸の火事」だと論評されていました。日本だけがそうした有事とは無縁で過ごせるとハナから信じていたのです。

ところが一度こうした「有事」が勃発すれば、日本の不動産に向かっていた資金が一気に引き戻される可能性は小さくはありません。不動産価格がそうした「有事」に耐性があるとは、とても思えないからです。

また「有事」は世界での出来事だけではありません。南海トラフ地震のように、いつなんどき発生するかもわからないような自然災害もあれば、経済情勢の変化で平成バブル崩壊時に生《しょう》じたような大企業の倒産が随所で発生するリスクもあります。

大企業だから安心、なんていったい誰が思いついたセリフでしょうか。とりわけ金融資本主義が猛威を振るう現代資本主義では、多くの大企業が自前による地道な成長だけを目指すのではなく、M&Aを梃子《てこ》にした企業規模の膨張をひたすら追い求めるようになっています。

そしてその原資は市場で渦巻くマネーなのです。このマネーの流れが変わることは、大企業とてその変化に対応できなくなる危険性を孕《はら》んでいるのです。ここ数年でも東芝の事件で見られるように、無謀なM&Aが会社全体を窮地に追い込む事例は、枚挙に暇《いとま》がありません。

人生にも「有事」はいっぱい潜《ひそ》んでいます。急な病気、事故、そして離婚など、これらのすべてを保険で賄えるわけでもありません。

リスクばかりを考えては何事もできないのも確かですが、少なくとも今後もまったくリスクなく「平穏」が続くとは考えないほうがよさそうです。むしろ平穏の時代が長く続きすぎたと考えるほうが、歴史的には正しい判断かもしれません。リスクを「どこまでとれるか」、これからの不動産で試される概念です。

消費増税の駆け込み需要を狙う、お花畑マンデベ業界

２０１９年10月、いよいよ消費増税が実施されます。安倍政権においては二度にわたって「増税延期」をしてきましたが、どんなに楽観的な政権でも、日本の財政事情を真面目に考えるならばこの増税はもう待ったなし、なのではないでしょうか。

そこでまたぞろ登場しているのが増税前の「駆け込み需要」に対する期待です。今回の増税は消費税率8％から10％への増税です。上げ幅は2％と前回の増税（5％から8％）に比べれば低く抑えられていますが、10％という数値の持つ印象は、これまでの税率に比べて「重い」と、国民全般が感じているのではないでしょうか。

消費増税後に、ただでさえなかなか回復基調とならない消費を猛烈に冷やすのでは

ないか、その影響が政権支持率にも及ぶのではないか、政治家が気にするところだと思います。

逆にこのイベントを狙う業界もあります。マンションデベロッパー業界です。前回の消費増税は2014年4月でした。この増税の際、新築マンションの購入にあたっては建物竣工時期が2014年4月以降であっても、前年の9月末までに売買契約を締結していれば、旧税率を適用するということになり、新築マンションのモデルルームには、増税前にマンションの契約をしようという客が押しかけ、大賑わいとなりました。

マンションは販売価格に占める建物代の比率が高く、通常なら70%程度、タワマンのような超高層マンションであればその比率が90%近くになります。土地については消費税が適用されませんが、建物には適用されるため、マンション販売にとって消費増税は大問題となるのです。

実際に首都圏（1都3県）のマンション供給戸数を見ると、増税直前の2013年は5万6478戸と対前年比23・8%の増加を記録しています。増税後の2014年には4万4913戸に激減し、業界では「消費税前倒し需要を取り込んだ結果の反動」といわれました。

今回はおそらく2019年4月までの契約分については同様の措置が取られるものと見られますが、はたしてマンション販売絶好調という話になるでしょうか。

私は今回の消費増税では、マンション業界は前回ほどの恩恵には与《あずか》れないのではないかと見ています。

まず、都心居住が進む中、新築マンションは都心部でないとなかなか売れない時代に入ってきています。また都心のマンションも都心居住という「実需」だけで売れているのではなく、相続税などの「節税」ニーズや外国人投資家による「投資」ニーズで販売を補《おぎな》っているのが実態です。彼らにとっては消費税率よりも相続税の節税効果や、短期間での売却益などが購入動機としては主体となるので消費増税がすぐに購入に走らせるとは限りません。

また、ここ数年、マンションの用地担当者は都心での用地取得に苦戦しています。理由は2つ。ホテルの開発ラッシュでマンション適地であっても、ホテル会社との競合に敗れて用地を仕入れられないことが一つ。そして2つ目は、建設費の高騰で、土地代を含めたマンション販売価格が一般の消費者にはすでに手の届かない範囲にまで値上がりしてしまい、都心での商品企画が困難な状況になっていることです。

それでも用地取得のノルマを抱える担当者が向かうのは、土地代が安い郊外ということになります。たしかにマンションデベロッパーの多くが都心から郊外へと戦線を広げている、との情報は各処で耳にするようになりました。

しかし、この作戦はどうでしょうか。都心居住に「逆行」してまでも、今の実需層が新築マンションを購入しようと思うでしょうか。都心の中古マンションに対する人気は高まるように思いますが、郊外の新築マンションに「駆け込み需要」が発生するとは考えにくいものがあります。

昔とった杵柄《きねづか》ではありませんが、昔の「成功の方程式」に拘《こだわ》っているところに勝利はないように思われます。その点、都心では超高級物件に対するニーズは高まっていますし、外国人や高齢富裕層などの需要は引き続き堅固なものがあります。そろそろマンデベ業界も発想を変えていく時代に入っているのかもしれません。

消費増税前の「駆け込み需要」のある、なしは別としても、2020年を迎える前に、マンション市場は大きな転機を迎えそうです。そしてすでに、その序曲は奏《かな》でられ始めているのです。

インバウンドというイナゴが飛び去るとき

今後の不動産バブル崩壊の可能性を見るとき、見逃せないのがインバウンドによる投資マネーの動きです。金融資本主義の権化でもあるインバウンドマネーは、日本のドメスティックな実需など関係なく、「買って売る」の投資の鉄則を、投資利回りの観点だけからの判断で行なっていることについては、すでにお話ししてきました。

ではこれからの日本で、彼らの動きはどのような方向に進んでいくのでしょうか。

答えは残念ながら「売り」の方向へ行くのではないかと見ています。もともと、インバウンドマネーは東京五輪開催が決定した2013年頃から積極的に日本に上陸するようになりました。

メディアはこれを、五輪開催によって日本を投資先として見直す動きになったと胸を張りました。もちろんその指摘もあながち間違いではありませんが、私は別の２つの要因が大きかったのではないかと思っています。

ひとつは、リーマン・ショックで一度下落した日本の不動産は、投資利回りが上がり（つまり価格が安くなり）、台湾や香港、上海などの不動産よりも相対的に「安い」という判断が生じ始めていたことです。

２つには、それでも東日本大震災の影響からしばらく東京での不動産取得を控えていたのが、想像していた以上に東京に被害はなく、しかも原発事故に伴う放射線被害も、これまでのところ思いのほか現出していないことが、彼らを「買い」に走らせた、と見ています。

さて、ここ数年で東京をはじめとした不動産を買い漁《あさ》ったインバウンドマネーも、そろそろ「収穫」の時期を迎えています。東京五輪という宴は彼らにとっては格好の「売り」のタイミングでもあります。

彼らはあくまでも、自分たちの儲け＝数字でのみ投資判断を行ないます。日本人のような面倒くさい「想い」のような邪念は一切入りません。決断すれば一気に売ってくるのも彼らの習性です。自分たちの物件を高値で売り抜けるために「ニッポンいいね」くらいのフェイク情報を市場にまき散らしかねない存在なのです。五輪は「ニッポンいいね」の最大のスタンプともいえましょう。

遅れて市場に登場した日本をよく知らない馬鹿な外国人や、特別な「想い」で動く情緒的な日本人投資家を相手に売り浴びせて逃げる、これが彼らの生態です。

こうしたインバウンドマネーは、何も日本だけでなく全世界を股《また》にかけて飛び回っています。いわば、イナゴの群れのような存在とでもいいましょうか。イナゴの大群は地上から美味しい穀物が生い茂る畑を見つけると一斉に降下して、穀物を食べつくします。ぺんぺん草一つ生《は》えない荒れ地になると、群れはまた新しいフィールドに向けて飛び立っていきます。

そういった意味では、イナゴは美味しい穀物が生い茂る畑を上空から常に俯瞰《ふかん》し、次なるターゲットに照準を合わせているのです。日本という畑はイナゴにとってもう十分満腹を味わった可能性もあります。

アメリカのモルガンスタンレー証券には有名な「投資クロック」という考え方があ

ります。世界の都市を時計の時刻で表わし、その投資の可能性を表わしているものです。

投資としてこれから大いに可能性がある地域は「朝」。今が旬でどんどん稼いでいくべき地域を「昼」。美味しい想いもたくさんしたが、そろそろ手じまいが必要な地域は「夕」、まったく投資に値しない地域を「夜」という具合に分類して投資のポートフォリオを描いているのです。

かつて、ファンドバブルとも称された２００６年からリーマン・ショックの起こる２００８年までの間、私はＲＥＩＴの運用会社の社長としてニューヨークのモルガンスタンレー本社をよく訪れました。

当時、日本では２００１年にＲＥＩＴが誕生し、不動産と金融が融合。私が主宰するＲＥＩＴも２００６年に東京証券取引所に上場。その際には数多くのアメリカの投資家のお金を引っ張り出すことに成功していました。日本の不動産に対する評価と期待は大きく、おそらくモルガンスタンレーのクロックも日本に「昼」を示していたのではないかと思います。

さて、今の日本で、クロックは何時を示しているのでしょうか。夕方になると日本では、多くの地域でこんな童謡が流れます。

夕焼け小焼けで日が暮れて
山のお寺の鐘が鳴る
おてて繋いでみな帰ろ
カラスと一緒に帰りましょ

ある時、日本でIR（投資家説明）をしていた時、会場となるホテルの部屋の外で午後5時、この童謡が流れました。怪訝《けげん》な顔をするインド人投資家に私は大きな声でこの童謡を唄ってみせました。

「日本人は全員この歌を知っているよ。さて遊びもここまでだ、という歌さ」

今の日本が「投資クロック」ではすでに夕方なのだということを言いたかったのです。

祥伝社新書

最新刊 5月

古代史から読み解く「日本」のかたち

国際日本文化研究センター教授 倉本一宏
マンガ家 里中満智子

古代を知ることは、現代を知ること

古代史を専門とする歴史学者と、古代を舞台にした作品を数多く発表してきたマンガ家による対論。古代の為政者たちの内政や外交をたどることで（新説も披露！）、現代日本が抱える問題点が浮かび上がる。

■本体820円＋税

978-4-396-11535-7

開成・灘・麻布・東大寺・武蔵は転ばせて伸ばす

教育ジャーナリスト おおたとしまさ

「失敗を恐れるな」というなら、まず失敗させろ！

「男の子の育て方、正しい教育法がわからない」――昨今の急速な時代の変化を考えれば、もはや親世代の「理想の男性像」は成立しない。わからなくて当然だ。これからの時代を乗り切る大人に育てるため、名門男子校の先生たちが本音でアドバイス。

■本体820円＋税

978-4-396-11536-4

詞と曲に隠された物語 昭和歌謡の謎

日本歌手協会理事 合田道人

思わず誰かに話したくなる秘話が満載！

「学生街の喫茶店」でボブ・ディランはかからず。「贈る言葉」で言葉を贈ったのは失恋相手。「天城越え」の舞台は鎌倉時代――。ベストセラー『童謡の謎』の著者が、名歌謡19曲の〝もう一つの顔〟を明かす。当事者たちから著者が直接聞いたエピソードも初公開。

■本体860円＋税

978-4-396-11537-1

航空母艦オフィスビルの完成がゴングとなって、オフィスマーケット大崩壊

２０１８年から２０２０年を挟む５、６年は、東京都内は大変なオフィスビル竣《しゅん》工《こう》ラッシュを迎えそうです。徐々にその威容を見せ始めたビルはいずれも巨大なものばかり。ワンフロアの貸付面積は６００坪、あるいは１０００坪などという航空母艦のようなオフィスビル群です。

以前、東京大手町の大手町ビルで会合があった私は、ビルのエントランスにちょっと遅れ気味ではあったものの、ほぼ会合の始まる時間に到着しました。あわてて、傍《かたわ》らにあったエレベーターに飛び乗り、会合が行なわれる9階へ。

ところがここから私は地獄を体験します。部屋の番号をメモしていなかった私は、エレベーターホールにあるフロア図を見て驚愕したのです。ひ、広い。

会合は会議室で行なわれる予定だったのですが、私はどこの会社の何という会議室かメモをしていなかったのです。

大手町ビルは三菱地所が１９５８年4月に竣工させた日本のビル史上、大変由緒正しいビルです。ところがこのビル、なんと東西に２００ｍもある長大なビルなので

す。

「えい、ままよ」

私は適当に狙いを定めて一番東側の北端の部屋を目指しました。はずれ。しまった。仕方がないので北側の長い廊下を、一軒一軒テナント看板を覗き込みながら歩きますが、肝心の訪問先にはたどり着けません。そのうち焦《あせ》ってきました。会合はもう始まっている。でも見つからない。なんてこった。

北側廊下の端、つまり西端を曲がって南側廊下に出たとき、一番遠くの東端から会合の担当者が私を呼ぶ声が聞こえました。

「牧野さーん、こっちですよ、こっち」

必死に手招きする担当者。走り出した私は200m走。汗びっしょりの大遅刻です。

大手町ビルはワンフロアが2147坪という超巨大ビルなのです。同じ階だからといって生半可な情報だけでのこのこやってきた私の大失敗でした。

大手町ビルは別格としても、こんな大規模ビルが次々誕生する東京のオフィス市場は本当に大丈夫なのでしょうか。

先にも触れたように、東京のオフィス市場は現在絶好調。これから供給されるビルもその約７割が既存オフィスビルの建て替えによるものだから、ビルの床面積が飛躍的に増えることではないので、市場が十分に吸収してしまうだろう、というのが関係者の大方の見方です。

しかし、今の市場の状況を注意深く見ると、どうもあまり楽観はできないようなのです。

ポイントは「今後供給される予定のビルの多くが既存ビルの建て替え」であるという、まさにその部分です。都内のビルの多くが現在、建物の老朽化問題を抱えています。耐震性の確保はもとより、企業のＢＣＰ（災害などの際の事業継続計画）の確保や最新鋭設備の整備など、ビル業界もさまざまな課題を抱えています。そこで大規模修繕を行なうより、都心部の容積率アップを利用して建て替えようという話になっているのです。

建て替えるにあたっては当然、今入居しているテナントに対して立退料《たちのきりょう》等を支払って退去してもらうことになります。

さて、退去を余儀なくされたテナントはどこに行くのでしょうか。当然、仕方がないので、別のビルの空室を探し出してそこに引っ越すことになります。するとそれまで空室を抱えていたビルの稼働率は改善することになります。

ここ数年で、都内の既存オフィスビルが建て替えにあたって、大量の「テナント難民」を生じさせているのです。難民の多くが既存ビルの空室に収まったために、既存ビルの空室率が大幅に改善する。このシナリオで今の市場の空室率を計算すると、実は、ここ数年における空室率の改善については、ほぼ説明ができてしまうのです。

こうした「押すと餡《あん》出る」効果が、実は都心部のオフィスビルの空室率の改善の「本当の理由」であることは、あまり知られていません。

壊されたビルの多くは、都心部の容積率（土地面積に対して建設できる建物床面積の割合）割り増しの恩恵を受けて、巨大なオフィスビルに生まれ変わることになっています。

さてこれらのビルのほとんどすべてが竣工を迎える２０２０年以降も、オフィスビル市場は本当に安泰でいられるのでしょうか。

さらに問題はややこしくなります。多くのビルは都心3区に建設されているので、賃料はおおむね月額坪当たり4万円を超える条件となってくるはずです。これらのビルのすべてが顔を揃えた時に、そうした条件で入居するテナントがどのくらいいるのでしょうか。

月坪4万円以上の賃料を負担できるテナントは、今でも外資系金融機関、国際法律事務所、一部の新興企業や上場グローバル企業など、ほんの一握りにすぎません。市場にどんなに超高級物件を並べても、提示された条件を負担できるテナントはごく少数なのです。

国内の有力デベロッパーは、相も変わらず、丸の内は三菱、日本橋は三井、六本木は森、新宿は住友といった国盗り物語に余念がありませんが、みな自社の開発した巨大ビルには必ず坪4万円以上の賃料を負担してくれるテナントが入居してくれると考えているようにしか見えません。

国や都は、東京を国際金融センターにしていく構想を発表していますが、実際には機能するのでしょうか。私の知る限りにおいてはアジアの国際金融センターはシンガポールであり、香港です。

英語も通じず、アジアの諸都市に出かけるにも遠い、アジアのファーイースト日本のさらに東端の東京では、いかに得意の国家戦略特区を駆使しても、合理性の塊《かたまり》である金融資本主義者たちが集まるようには思えません。

2020年、巨大航空母艦ビルは、テナントを求めて既存の大型ビルのテナントを引っこ抜く。引っこ抜かれた大型ビルは中型ビルのテナントに手を付ける。中型ビルは小型ビルのテナントへ襲い掛かる。「テナントドミノ倒し」のスタートが始まるのはこれからなのです。

オリンピック選手村跡地のゆくえ

2020年いよいよ東京五輪が開催されますが、期間中世界各国の選手たちは競技会場近くの晴海《はるみ》にできる選手村に滞在します。東京都では、五輪が終了した後には、この選手村の宿泊施設を一般居住用のマンションに改装して分譲する計画を打ち出しています。概要は改装した選手村宿舎に50階建てのタワマン2棟などを加えた総戸数約５６５０戸の一大住宅地にする計画です。

整備を担当するのは三井不動産レジデンシャル、三菱地所レジデンスをはじめとした大手デベロッパー数社に内定しているといいます。

東京都の発表によれば、このうちすべてが分譲されるわけではないそうで、一部はサービス付き高齢者向け住宅（サ高住）や若者向けのシェアハウス、サービスアパートメントなども合わせて整備されるとのことですが、意外とこの計画がマンション市場に及ぼす影響は大きそうです。

以前、テレビ番組でご一緒した当時の舛添《ますぞえ》東京都知事が、控室で私にこんな質問をしたことがあります。

「選手村跡地のマンション分譲計画ですが、大手デベロッパー各社はあまり乗り気ではないのですよ。とても良い案件だと思うのですが、なぜでしょうね」

首をひねり、困惑顔の知事でしたが、私はこんなふうにお答えした記憶があります。

「本当の理由はわかりませんが、私が想像するに、供給量があまりに多すぎて困惑し

東京五輪のボート、カヌーなどの会場となる「海の森水上競技場」予定地付近

ているのではないでしょうか」

首都圏における最近のマンション供給戸数は消費増税前の駆け込み需要のあった2013年の5万6478戸を境に減少し、2017年は3万5898戸にまで縮小しています。この市場に6000戸近くの供給というのはちょっとケタ外れです。

「もちろんいちどきに分譲したりはしないと思いますが、4、5年かけて分譲しても年あたり1000戸以上、私がデベロッパーならけっこうビビる数値だと思いますよ」

その後デベロッパー各社との間でど

のようなやり取りがあったのか私は知りませんが、少なくともこの選手村跡地という立地が、当時の知事が考えるほど「好立地」ではないと各社が考えたのではないかと、勝手に想像しています。

この計画はさらに２０１６年8月舛添知事から小池《こいけ》知事に交代すると、ますます混迷の度を深めます。豊洲新市場の土壌汚染対策が不十分であることが発覚し、当初の築地からの移転計画は白紙に。汐留《しおどめ》から閉鎖後の築地市場地下のトンネルを通り、晴海の選手村会場に至る環状2号線の延伸工事がストップしてしまったのです。

計画ではこの環状2号線は片側2車線のうちの1車線をＢＲＴ（Bus Rapid Transit）というバス高速輸送システムの専用レーンにする予定になっています。ＢＲＴを利用すれば選手村跡地から新橋や虎ノ門といった東京都心部にスムースにアクセスできるというのが、「売り文句」です。

ところが、築地市場の移転が遅れた結果、あらたな市場移転予定日となった２０１8年10月11日まで道路整備の開始はずれ込み、五輪期間中は地上部に設ける暫定道路での運用になりました。

この道路がトンネルを含めて完成するのは当初計画よりも大幅に遅れることは必至の情勢で、選手村跡地開発計画にも大きな支障が出るのではないかと危惧されています。

さてこんな状況下で選手村跡地のマンション、人気は出るのでしょうか。今のところ、この選手村跡地のマンションがいつ分譲されるのか正式な発表はありませんが、販売はかなり苦戦するのではないかと心配しています。

というのも、晴海という立地は現在のところけっして交通の利便性はよくない立地であるからです。選手村跡地もいわば陸の孤島といってもよい場所です。いくらバス専用レーンを設けるといっても、本当にバスだけが毎朝毎夕環状2号線をスムースに行き来できるか、これは疑問です。リオデジャネイロ五輪でも同じような専用バスレーンができましたが、道路の混雑でちゃんと機能はしていないようです。

時間が不確かなバス、そして他の交通手段は絶望的に乏《とぼ》しく、肝心の五輪はもうやってはいない場所のマンション、さてどういうことになるのでしょうか。へたをすると湾岸エリアのマンション相場をかなり撹乱《かくらん》するのではないかとさえ、危惧しています。

不動産バブル崩壊の象徴的なマンションにならないことを祈ります。

民泊新法がもたらすホテル旅館革命

２０１８年６月、「住宅宿泊事業法」（通称「民泊新法」）が施行されます。

民泊という単語がメディアを賑わせるようになったのは、２０１３年９月に東京五輪の誘致が決定し、インバウンド客が日本に大量に押し寄せるようになってからです。

日本にやってくるインバウンド向けに、自分の家の中の空《あ》いている部屋を提供する、あるいは所有しているマンションやアパートの空き住戸を提供するといったサービスが、住宅提供者と宿泊者とを仲介するサイトを通じて急速に広まるようになりました。

２０１６年末現在、大手仲介サイトで登録されている物件数は４万８０００件あまり。そのうちの約７割相当が東京、大阪、京都での登録です。民泊がポピュラーになるにつれ宿泊先での外国人宿泊者の大騒ぎやゴミ出しマナーの不徹底、治安に対する不安などが社会問題として報じられるようになり、世間でも「民泊」の言葉は急速に知られるところとなりました。

一方で、民泊は日本の旅館業法の規制から逃れているものが多いことから、政府は民泊ビジネスの拡大を推進する傍ら、一定のルールの下《もと》で規制しようとの動きになったのです。

その流れは東京都大田区や大阪府などにおける、国家戦略特区での認定や、旅館業法に定められている簡易宿所の規制緩和を経て、基本的には住宅地でも民泊ビジネスが可能な新法を制定することとなり、２０１８年6月の施行が決まったのです。

この新法は、不動産業界からみれば、新しい不動産メニューとして空き家やマンション、アパートなどの空き住戸の有効利用ができるなど大変期待が大きかったものの、既存のホテル旅館業界からの猛反発にあい、結果的には「推進法」というよりも、「規制法」の色合いが強いものとなりました。

たしかに既存のホテル旅館は、旅館業法という厳しい規制の中で営業しています。

旅館業法では顧客管理からスプリンクラーなどの消防設備の整備、避難経路の確保など、多くの規制を受けています。そのための各種の重い負担をしているのに規制の少ない民泊が跋扈《ばっこ》するのは許しがたいというホテル旅館側の主張には、頷《うなず》けるところがあります。

事実、ここ数年で民泊はまるで無法地帯を行くがごとく広まっていて、東京や大阪のビジネスホテルの稼働にも影響を及ぼす存在になってきています。

新法においては、民泊に関わる者を、

①事業者（住宅を提供するホスト）

②管理事業者（民泊宿泊代行者）

③仲介事業者（民泊仲介サイト）

に分類し、それぞれを都道府県や政令指定都市、国土交通省、観光庁への届け出制や登録制とし、さまざまな整備項目や報告を義務づけ、ルールに違反した場合の罰則などを設けることで、厳しく管理することとなりました。

さらに年間の営業日数を最大で１８０日を限度に、各自治体が個別に規定できるものとして、投資用に運用する動きを封じ込めることとなりました。民泊はあくまでも既存の宿泊業の補完機能であり、新たなビジネスではないというのが、今回の新法のメッセージともいえます。

一方で旅館業法を改正して、形骸化している客室数や客室面積などの規制要件を撤廃して「旅館」や「簡易宿所」としての登録を推進するようにしました。要は「やるならプロとしてちゃんとやれ」とのメッセージとも受け取れます。

とりあえず、黒船である民泊の無法ぶりに楔《くさび》を打ち、自らの権益を守ったカタチのホテル旅館業界ですが、いっぽうでインバウンドの激増を当て込んで、異業種からホテル旅館業界に参入してくる企業が激増しています。

宿泊業はこれまでは、ＪＴＢや近畿日本ツーリストといったエージェントに集客を頼り経営してきましたが、今やネットサイトでの集客が主流となっています。その結果、旅行業界の慣習などおかまいなしに、ネット環境を整備してインバウンドを含めて勝手に集客できる道が開けたのです。

つまり競争の方程式が変わることで、異業種からの参入障壁が低くなったのです。

こうした流れは、結局は業界の再編につながっていくものと思われます。東京五輪を前にして一部ではもう、ホテルは「作りすぎ」との指摘も出始めています。

とにかく作ることだけを目的に素っ頓狂《すっとんきょう》な値段でホテル用地を取得する動きを見ていると、私はこの業界でも、民泊や簡易宿所との激しい競合の結果、一度「がらがらぽん」が起こるのではないかと見ています。

これを民泊バブル、あるいはホテル狂騒曲と呼ぶのかはわかりませんが、東京五輪を境に既存の古いタイプのホテル・旅館は廃業、あるいは買収され、節操なく計画したバブルホテルはその後の過当競争に立ち位置を失う、などの混乱期がやってくると見ています。

空き家・空き地天国が描く地獄絵図

2017年6月、元総務相の増田寛也《ますだひろや》氏をはじめとした有識者で構成される民間組織「所有者不明土地問題研究会」が、衝撃的なレポートを発表しました。

このレポートによれば、2016年において国内には、不動産登記簿などから所有者を特定できない、いわゆる「所有者不明土地」がなんと410万haも存在するというものでした。この面積を聞いてもなかなかその広さを想像しにくいと思いますが、これを九州(約421万ha)とほぼ同じ面積といえばわかりやすいでしょう。

さらに同年10月、この研究会ではこの事態を放置していれば、2040年には所有者不明土地の面積はさらに増加を続けて780万haとなり、この面積は北海道の面積に匹敵する規模となる、との見解を発表しました。

続けて、こうした土地の所有者が不明であることによる経済的損失額について、2016年における年間の経済損失額は1800億円にものぼり、このままの事態で推移するならば2017年から2040年までの累計の損失額は6兆円に及ぶ、との試算結果も公表しました。

なぜこのように、土地の所有者がわからなくなっているのでしょうか。背景には不動産の所有に対する登記制度の問題があります。

土地は誰のものか? 古今東西、常に国の支配者と領民の間で問われ続けてきた問いかけです。日本では豊臣秀吉が行なった太閤検地が有名ですが、秀吉はそれまで、領主が各々支配する領地の村から勝手に年貢を納めさせていた体制を改め、検地を行なって土地の権利関係を把握し、国ごとに秀吉が朱印状で認めた石高《こくだか》を割り振ることで徴税を行なってきました。

現在は、不動産の所有者は不動産登記簿に自らの名前を「登記」することによって、「所有をしている」旨を表明することができるようになっています。しかしこれは法的にはあくまでも「第三者対抗要件」にすぎません。つまり所有者は、その土地に対する権利を主張してきた第三者に対して、自らが所有している旨の主張を行なうための対抗要件でしかないのです。

対抗要件でしかないということは、所有者は別に登記をしなくてもかまわないということです。不動産は大切な財産であるから登記をすることはあたりまえに思えるかもしれませんが、登記するにあたっては登記費用がかかり、この負担額がけっこう馬鹿にならないのです。

具体的には不動産の登記にあたっては登録免許税が課され、所有権保存登記の場合は固定資産税評価額の０・４％、所有権移転登記は売買の場合２・０％（土地は現在

1・5%)、相続等の場合は0・4%(新築住宅棟には軽減税率等の適用あり)などと規定されています。

これに加えて登記簿謄本代や司法書士に支払う報酬など、自らの所有権を表明するための費用は所有者に重たくのしかかるのです。よほどの良い土地で、第三者からの権利主張や権利の侵害を受ける危険性があれば別ですが、親から相続した山林や農地、訪れたこともないような、親が代々引き継いできた地方の土地などは、わざわざ多額の費用負担をしてまで「権利の主張」をしたいとは思わないのではないでしょうか。

こうして登記を行なわずに相続だけが繰り返し行なわれることで、現在の所有者がわからなくなってしまうのです。相続も相続人一人に相続されていけばまだしも、兄弟姉妹などの共有となることもあるし、そこでまた相続が発生してその子供たちや孫たちに相続されることもある。こうした過程で所有者はねずみ算式に増加し、やがてはまったく所有者のわからない土地へと化けていくのです。

同様のことは、空き家でも問題となっています。全国では現在約820万戸の空き家が存在しますが、野村総研の推定によれば、空き家のうち約25%相当の家は居住が不可能な状態にある、とのことです。

つまり、こうした空き家では所有者がまったく家の維持管理を行なわず放置している状態にあることを示しています。当然、地域の景観、治安、災害などで大きなリスクを抱えていることになりますが、そうした空き家ほど、すでに所有者が誰であるのか特定できないという問題に直面しています。

不動産バブル再来などという景気の良い話がある裏側で、まったく誰のものかがわからない「名無しの権兵衛《ごんべえ》」不動産がむくむくと成長しています。しかるべき対策を取らない限り、その対価は経済損失ばかりでなく、やがて後の章で取り上げるような地獄絵図を見ることにつながるかもしれないのです。

築古《ちくふる》不動産大淘汰の時代

築古とは読んで字のごとく「築年が古い」、つまり建物の竣工年が古いということですが、どのくらいの年数をもって「築古」と呼ぶのでしょうか。

日本の場合、まずわかりやすい分水嶺《ぶんすいれい》があります。耐震基準です。日本は地震が多い国ですので、建物は一定の揺れに対しても耐えることができる構造である必要があります。この構造の基準が耐震基準というものです。

法律上最初に耐震基準が定められたのは、関東大震災の翌年である1924年といわれていますが、基準はその後に生じた度重なる地震の発生を経《へ》て改正され、現在採用されている建物の耐震基準は1981年に施行された「新耐震設計基準」です。

実際には1981年6月以降に建築許可が下りた建物から採用されていますので、建物の竣工年では判断はできませんが、おおむね1983年以降竣工の建物であればほとんどがいわゆる「新耐震基準」といって差しつかえないかと思います。

現在、この新耐震基準は不動産を選択する上での大きな判断材料となっています。投資家などから資金を募って不動産に投資を行なう、不動産ファンドやREIT（不動産投資信託）は、基本的には「旧耐震基準」で建設された不動産は取得しない方針のところが多いようです。

また、オフィスビルのテナントでも、最近では旧耐震のビルには入居しないところが増えてきました。とりわけ２０１１年3月に発生した東日本大震災以降は、地震に対するリスク感度が大幅に向上していて、ビルを選択する際に真っ先に挙がる条件の一つになっています。

この影響で、旧耐震ビルでは、周囲の新耐震基準のビルに比べて低廉な賃料を提示せざるをえず、オフィス市場では競合上の大きなディスアドバンテッジになっています。

この影響はオフィスビルだけではなく、病院、店舗、ホテルや旅館といった不特定多数の人が利用する施設や、老人ホーム、学校など避難に配慮を必要とする施設にも及んでいます。

２０１３年11月に施行された「建築物の耐震改修の促進に関する法律の一部を改正する法律（改正耐震改修促進法）」では、前述の施設のうち一定規模以上の建物については、耐震改修を行なうことを義務づけ、これに従わない場合にはその施設名称を公表するように規定されました。とりわけお客様をおもてなしするホテルや旅館ではこの影響は大きく、改修をあきらめて廃業を選択する施設まで現われています。

耐震改修にあたっては一定の補助金も得られるので「飴《あめ》と鞭《むち》」の施策ともいえますが、業界に与えた影響は甚大なものでした。

一方で、耐震基準の改正後すでに40年近くの時間が経過しています。通常建物は築20年を超えると大規模修繕が必要になります。また、管理状態のよくない建物になると築30年を超える頃から建物の劣化が目立つようになってきます。

すでに「平成」に元号が変わって30年が経過。「平成築」の建物で新耐震基準に適合しているからといって、無条件に「大丈夫」だとの診断もできなくなってきています。特に平成初期はいわゆる平成バブル時代ともいわれ、非常に多くのオフィスビルやマンション、商業施設などが建設されました。

これらの建物が軒並み築30年を超えてくるのがこれからなのです。

また、マンションのなかでもタワマンと呼ばれる超高層マンションで築30年超えとなる建物が出てきます。修繕維持積立金が潤沢にあるとされるマンションでも、超高層建物の大規模修繕はまだほとんど事例がない中での工事を強《し》いられることとなります。必要にして十分な改修には意外と大きなコスト負担となる可能性もあります。

今後は築古物件の中でも、良好な管理状態の建物とそうでない建物との格差が大いについてくるものと思われます。ましてや築30年超の物件は世の中ではこれから激増してきます。

建物における「優勝劣敗《ゆうしょうれっぱい》」は、そのまま運用での大きな収益格差につながります。今回の不動産バブルによる不動産の大量供給は、こうした築古物件における格差をさらに拡大させることにつながるのです。

第4章

不動産バブルが崩壊すると、何が起こるのか

〜その時、日本は

平成バブル崩壊と何が違うのか

２０１７年暮れ、テレビ各局の年末特番に懐かしい曲が流れました。荻野目洋子《おぎのめようこ》さんの１９８５年から86年にかけての大ヒット曲「ダンシング・ヒーロー」です。荻野目洋子さんといえば、女優の荻野目慶子さんの妹で、お姉さんがしっとりとした女性らしい演技で人気があったのに対して、どちらかといえばボーイッシュな顔立ちでテンポのよいリズミカルな「ダンシング・ヒーロー」を歌って一躍スターダムに上った平成バブル時代を象徴する歌手の一人です。

それよりもなによりも視聴者の目を釘づけにしたのが、荻野目洋子さんのバックで踊る大阪府立登美丘《とみおか》高等学校ダンス部の、びっくりするいでたちとその切れ味鋭いダンスでした。

彼女たちは全員が平成バブル時に大流行した「ワンレングス」のロングヘアー。原色系のど派手なボディコンのスーツにミニのタイトスカート。眉《まゆ》を強調したかなり濃いめの化粧とどこか男を挑発するような表情。どこから見ても平成バブル時のディスコで踊っていた女の子たちの衣装そのものです。

このダンスは同校のコーチであるakaneさんが考案した「バブリーダンス」というダンスで２０１７年夏、横浜で開催された高校ダンス部選手権で披露され見事準優勝に輝いたものです。この様子が英文ニュースサイト「Japan Forward」で話題となり、米国の人気ネット・タレント番組からも招待を受けるに至ってブレイクしました。

こうした現象は各方面で面白おかしく取り上げられ、最近の株式や不動産の値上がりと結びつけて「バブル再来」が語られるようになりました。

当時、彼女たちのような女の子たちが集まったディスコの殿堂といえばジュリアナ東京ですが、今回のアベノミクスによる好景気でジュリアナ東京が復活し、株価も日経平均３万円を超えてどんどん伸びるといった楽観的な観測までが、ちらほら聞こえるようになりました。

かつてのジュリアナのような現象が本当に再来するかはともかくとして、今回の好景気を仮にバブルだとすれば、このバブルが崩壊するときに平成バブルの崩壊と同じような過程をたどるのでしょうか。それとも異なる崩壊の仕方をするのでしょうか。

平成バブル時、過剰流動性で市場に溢れ出たマネーは、国内企業への融資という形で企業に向かいました。企業は自らの本業に対する設備投資だけでなく、銀行から無理くりに貸し付けられたお金で不動産や株式、債券へと投資を行ないました。

また、それまで円高不況で抑《おさ》えていた採用を一気に増やし、就職採用にあたっては目星を付けた学生を囲い込むなどして、当時採用された新入社員たちは「平成バブル社員」などと呼ばれました。企業は社員の給与を引き上げ、交際接待費をバンバン使うことで節税を行ないました。

世の中の景気が良くなるわけです。企業は自らの稼ぎ以上にカネを持ち、投資を行ない、社員にばらまき、六本木や銀座でカネを落とし続けたのです。

一方今はどうでしょうか。企業は稼ぎの多くが海外。しかも稼いだカネで借入金を返済して無借金企業であることが持《も》て囃《はや》される。そして余ったカネはひたすら内部留保して蓄える。社員は非正規雇用を増やし、正社員の給料は低く抑える。新卒学生は残業が多いブラック企業を敬遠し、福利厚生が良くて定時に帰ることができる企業を選択する。早く帰ることが「良い企業」の証《あかし》なので、もちろん残業はご法度、夜の街に繰り出して夜中まで騒ぐなんてとんでもない。社員は定時に帰るので時間はあるが、残業代は発生しないので実質の手取り額は少ない。したがって派手に遊ぶことはせずに、家に帰ってゲームをする。

少なくとも平成バブルのような宴《うたげ》は考えられないのです。

さて、平成バブルの崩壊は、宴が派手だっただけに崩壊もど派手でした。金利の上昇と不動産価格の急落は、「金利負担」という返済条件の悪化と「担保価値」の暴落という資金回収の困難化を招き、多くの企業が窮地《きゆうち》に追い込まれました。銀行は大量の不良債権を抱え、身動きが取れなくなりました。

今回のバブルも金利の上昇が株式や不動産を直撃し、株価や不動産価格が下落に転じる可能性があるという点においては、平成バブル崩壊のときと原因は同じかもしれません。

しかし、企業の多くは借入金を圧縮しているので、平成バブル時のように企業の倒産が相次ぐという事態にはなりそうもありません。一部のデベロッパーや不動産事業に傾注しすぎた企業の経営は厳しくなるでしょうが、社会的にそれほど深刻な事態になるとは想定しにくいものがあります。

私はむしろ、今回の崩壊がもし起こるとすれば、最初にその直撃を食らうのが銀行なのではないかと見ています。すでにマイナス金利政策で銀行は窮地に陥っています。運用難が続く中で金利が上昇することは預金者への利息支払いの急増を意味します。また、不動産融資に傾注したツケはバブル時と同じように銀行に大量の不良債権を発生させます。まさに「前門の虎、後門の狼」のような状況が今の銀行を取り巻く環境なのです。

さて崩壊するのは銀行だけでしょうか。平成バブル時とはまた異なった産業や個人が「バブル崩壊」という雪崩《なだれ》に巻き込まれるのです。次節以降で詳しく見ていきましょう。

逃げる外国人、立ちすくむ日本人投資家

今回のバブルが平成バブルと異なるもう一つの特徴が、インバウンド（外国人）マネーの流入です。

インバウンドマネーの特徴といえば、投資ファンドという形で日本のオフィスビルやレジデンス、商業施設や物流施設に投資をするのが一般的なスタイルです。そしてその原資は、多くが海外の年金基金などに代表される運用資金です。この資金は別に日本だけに投資を行なっているわけではありません。彼らは世界中に投資先を持っており、その中のごくわずかな資金を日本で運用しているのにすぎません。

したがって日本に対して特別な思い入れを持っているわけでもありませんし、運用成績が悪ければ、すぐに損切りして「手じまい」をするだけです。バブルが崩壊しても現地、つまり日本でこの資金を扱うファンド会社のマネージャーの首は飛び、会社は預かり資金が枯渇《こかつ》して解散あるいは倒産という憂き目に遭うかもしれませんが、彼らにとってはどうでもよいことです。

実際にファンドバブルともいわれた２００５年から２００８年にかけてもこうしたインバウンドマネーはファンドを通じて日本の不動産を買い漁《あさ》りましたが、リーマン・ショックの発生とともに日本から一斉に手を引くことになりました。

当時、私はＲＥＩＴの運用会社の社長でしたが、仕事柄、外資系のファンド運用会社や外資系証券会社の人たちとはたくさんのお付き合いがありました。悲惨だったのは、そんな知り合いの一人がある日突然、会社の上司から呼び出され、解雇を申し渡されたのですが、やりとりは以下のようなものだったそうです。

「あなたはもう会社にいなくてけっこうです。今からパソコン、机の上、抽斗《ひきだし》の中を含めて一切触れてはなりません。このままただちに会社から出て行ってください。荷物は会社でまとめて後日あなたの自宅に送ります。ではさようなら」

会社は彼を辞めさせるのにあたって、パソコン内の情報や会社の機密事項を持ち出すことを恐れ、解雇の瞬間から会社の資産に指一本触れさせずに退去することを命じたのでした。

彼に限らず、日を追ってそれまで第一線で活躍していた多くのマネージャーやディレクタークラスも、次々と解雇されていきました。彼らの給与水準はきわめて高く、激務の中でも六本木などでしょっちゅう羽目を外してけっこう派手に遊んでいました。そんな彼らもあっという間《ま》に首を切られる、これが外資系の掟なのです。

今回もバブルが崩壊すれば、ほぼ同様な事態が発生するでしょう。それまで六本木を意気軒昂(いきけんこう)に闊歩(かっぽ)していた人たちが、行きつけのバーやクラブからその姿を消していくことでしょう。

そして駐在していた外国人幹部は「また会う日まで」と言って、母国にご帰還あそばされるということです。いつの時代でも外資系ファンド会社や投資銀行、証券会社に勤める日本人社員は若くても高給取りで、女性にもてると聞きますが、彼らの寿命は意外と短いのです。

それでも、理由はどうあれ「宴の終わり」をドライにとらえ、組織を解散し、来るべき日に備えるのがインバウンドマネーです。

もうお気づきだと思いますが、そう、彼らインバウンドマネーには「帰る」場所があるのです。日本企業だって海外事業で失敗した時には、まっさきに現地法人を畳んですたこらサッサと日本に帰るではありませんか。そのとき現地採用の人の面倒を見るような奇特な企業はないのです。

ついでに言えば、六本木のお店も何も心配はありません。しばらくお店は閑古鳥《かんこどり》が鳴くかもしれませんが、また新たな種族の成金たちに「入れ替わる」だけなのですから。

今回のバブルでさらに特徴的なのは、個人のインバウンドマネーの存在です。このマネーは本書でも紹介してきたように、湾岸エリアのタワマンのみならずニセコや白《はく》馬《ば》などのリゾート地にも幅広く浸透しています。もう少し庶民的なインバウンドマネーは都心部のアパートなどにも投資をしています。

このマネーには大きくいって2種類があるようです。一つが、東京五輪開催などによる不動産の値上がり益を見込んで純粋に投資として判断して日本にやってきたもの。そしてもう一つが、中長期的に日本の不動産を投資ポートフォリオの一つとして組み込んでおこうという目論見《もくろみ》を持ったマネーです。

実は、前者のマネーは2016年頃から日本から引き揚《あ》げ始めています。湾岸エリアの不動産仲介会社によれば、このエリアの中古物件は「買い」よりも「売り」が優勢になっていて、すでにアービトラージ（鞘取り）をとっていったん「手じまい」をしている人が多いそうです。株式市場と理屈は同じです。皆が一斉に「売り」に入る東京五輪開催前後ではなく、少し早めに利益確定を行なうこと、これは投資の鉄則です。

さて、問題は後者です。中には不動産価格の急落に狼狽《ろうばい》して売り浴びせる投資家も出てきそうです。

しかし最も心配なのが、売り時を失《しっ》した結果、物件を放置することです。興味のなくなったおもちゃは誰もが部屋の片隅に追いやってしまうものです。たとえば、湾岸タワマンを所有はしているが、管理費や修繕維持積立金は支払わない。部屋を大勢の同胞人に使わせて他の住民とのトラブルを招くなど、厄介《やっかい》な出来事が発生する懸念もあります。

そうした環境の悪化は他の住民の退去につながり、結果としてマンションが「スラム化」するというシナリオも、あながち絵空事《えそらごと》ではないかもしれません。

「帰る」ところがないのが日本人投資家です。彼らはどこへも逃げることができません。バブル崩壊で空港から去っていく外国人をただ茫然《ぼうぜん》と眺めている日本人の姿が、再び見られるようになるかもしれません。

相続対策が招く一族崩壊

今回のバブルが崩壊すると、甚大な被害が予想されるのが、節税対策を施した（つもりだった）湾岸タワマンオーナーや郊外部のアパートオーナーです。

いつの時代でも、無理な借入金を行なうと最後は身ぐるみ剝《は》がされるというのは、真鍋《まなべ》昌平《しょうへい》さんの漫画『闇金ウシジマくん』でも繰り返し描かれている世界です。借入金は予定通りに返済できているときには、自分の生活基盤が一段上がったかのような気持ちになれます。

しかし、借入金はどんなに金利が低くとも、元本を返済しない限りは、返済の呪縛《じゅばく》から逃れることはできません。そして元本を返済するだけの「稼ぎ」を確保するには、自らの事業が順調に稼げているかを常にチェックする必要があります。

私は長らく不動産の仕事に関わってきて、相続を中心としたいわゆる「節税対策」の不動産投資の実態をつぶさに見てきましたが、どうも多くの不動産オーナーが節税対策を行なうことばかりに考えが集中して、借入金の返済について「深く考えていない」のではないかと思われるケースが多いことに驚いています。

一方でメディアを中心に、こうした節税対策をセールスする側が、リスクに対する説明を十分に行なわず、高齢者などの不動産オーナーが「騙される」ことを社会問題として大きく取り上げる傾向にあります。

もちろん、世の中には悪い業者も存在することは事実です。特に不動産業界は、業に携《たずさ》わる自分が言うのもなんですが、魑魅魍魎《ちみもうりょう》が跋扈《ばっこ》する世界でもあります。

しかし、たまたま訪ねてきたセールスマンの感じが良かったとか、とても人を騙すようには見えなかったというだけの理由で、何千万あるいは何億もするようなアパート投資やマンション投資を行なうのは、不動産オーナー側にも「事業」を行なう上であまりに見識がなく、そして無防備すぎるようにも見えます。

アパート建設についていえば、たくさんの土地を所有するオーナーであれば、ほぼ必ず業者や銀行がやってきて有利な節税対策になるとのセールスを受けたことが一度や二度ならずあるはずです。実際に更地《さらち》で所有したままで相続が発生するよりもアパートなどの賃貸建物を、借入金を活用して建設し、運用を行なった上で相続を迎えるほうが、相続税ははるかに安くなるというのはそのとおりです。

しかしそのストーリーは、あたりまえですがアパート事業というビジネスが順調であることが大前提です。日本は少子高齢化が進行していることくらいは、誰でもが知っているはずです。そして、自分が所有する土地の周辺に、アパートニーズがどの程度ありそうか、そのくらいはセールスマンの口上を聞くだけではなく、よく考えて判断したいものです。

自分のアパートを建設してから周りじゅうに同じようなアパートが建って驚いたなどという感想もよく聞きますが、業者が自分だけに耳寄りなアパート投資の話をしているはずがありません。エリア内の需給バランスと将来的なリスクくらいには目を配っておきたいところです。

トラブルになりやすいのが、サブリースです。サブリースはアパート業者が一定期間アパートを借り上げて、賃料を保証してくれる仕組みです。だからアパート事業など何も知らなくとも安心、と考えがちです。たとえ空室が多くとも業者が保証してくれるからです。

しかしアパート業者とて、商売です。こうした契約にはいろいろな条件を付して、大きなリスクを会社としてもとらないように工夫をしています。多くの場合は建物賃貸借契約期間とサブリース契約期間が異なることです。賃貸借期間は30年であってもサブリースによる保証は10年間だけだったり、保証金額も5年で変更できるといったものもあります。

また、サブリース期間満了時には、指定された業者によるリニューアル工事を行なわなければサブリース契約を継続しない、といった条項も多くの契約内容に見ることができます。サブリースは業者にとっても大きなリスクです。当然そのリスクをどこかで穴埋めしなくては、商売にはならないのです。

こうした契約内容をよく理解せずに、金融機関から言われるままに多額の借入金を調達し、アパート経営を始めたつもり、になっている不動産オーナーが数多く存在します。

さて、不動産バブル崩壊が現実となった場合、こうしたアパートオーナーたちはどうなるでしょうか。まず、マーケットでの金利水準が上昇することによって、アパートローンの金利が上昇するリスクがあります。景気の悪化を受けてアパートの空室が増え、テナントの賃料が下落するリスクも顕在化します。

サブリースだから安心と思っても、業者側から保証賃料の引き下げを求められるリスクもあります。「保証したじゃないか」と考えたいところですが、日本では借家法によって不動産の借主はサブリース業者であろうとも、法的にはきわめて有利に保護されています。

つまり、一般のマーケット相場に比べて著しく高い賃料を支払っている場合には、借家料の減額が法的にも認められるのが、日本の法律なのです。当然ですが、これまでの空室のリスクやマーケット賃料との乖離《かいり》分を穴埋めしてきた業者側も、大きな損失をすでに被《こうむ》っているケースが多いのがバブル崩壊です。お互いさまとはいえ、不動産を実際に所有しているのはオーナー側です。事業上のリスクの顕在化に気づかされるのは、まさにこのバブル崩壊時だというわけです。

賃料収入が下がり、金利は上がって返済できなくなる。こうしたアパートオーナーが続出することがバブル崩壊時には容易に予想されます。

同様に、湾岸のタワーマンションなどを相続対策で購入した富裕層にも、大きなリスクが降りかかりそうです。タワーマンションは、上層階と下層階で販売価格に大きな価格差があります。相続時の不動産評価額はこれまで、マンションの階数には関係なく、土地は路線価額、建物は固定資産税評価額を基準に算定されてきたので、高層階ほど時価と評価額の乖離が大きく、相続税の節税に効果が高いと喧伝されてきました。実際に湾岸エリアに限らず、多くのタワマンで高層階は外国人投資家と相続対策のために購入した個人富裕層による購入で占められてきました。

たしかに相続税の節税効果は高いのですが、バブルが崩壊して外国人投資家が「売り逃げ」を図ると、マンション相場は下落に向かいます。ところが、相続対策で買った人たちは、相続が発生しない限り節税効果は享受できないので、相場が下がっていっても「売るに売れない」状態に陥ります。

問題なのはこうした層は、節税効果を高めるためにハイレバレッジ、つまり購入価格のほとんどを借入金で購《あがな》っていることです。価格が借入金の元本以下に下がれば、借入金を返済できなくなる恐れが顕在化します。

そしてこれらの借入金の多くは、購入者が高齢であることから相続人である子供や孫を連帯保証人にしています。おじいちゃんが亡くなって、たしかに節税は享受できても、その後に残ったタワマンが売れない、賃貸に出しても思ったような賃料でテナントが入らない、などという事態を、購入時にはあまり想定していない可能性が高いのです。

アパート投資もタワマン節税も根っこは同じです。子供や孫に相続税の負担をかけまいという親心が、多額の借入金という「とんでもない置き土産」を残して天国にいってしまう、「バブル崩壊」が「一族崩壊」につながってしまうのです。

テナントドミノ倒しで下敷きになる、中小ビルオーナーたち

前章で、オフィスビルマーケットは今後需給バランスが大きく崩れ、空室が増加して賃料が下落するという姿を描いてきました。都心再開発の掛け声のもと、続々と竣工する航空母艦クラスの超巨大オフィスビルは、既存ビルとの間でテナントを求めて壮絶な引き抜き合戦を始めるはずです。

航空母艦ビルに入居するのは、賃料負担力の高い外資系金融機関や国際法律事務

所、コンサルティングカンパニーやＩＴソフトウェア系、グローバル企業の一部が対象となるはずですが、バブル崩壊による景気の悪化はこうした産業の業績を下振れさせることにもなります。

賃料を下げ、長期間のフリーレントを設定して、新築ビルは既存大型ビルのテナントの引き抜きを画策します。新築ビルの強みは何といってもその設備仕様の良さです。耐震設計であることはもとより、豪華なロビーエントランス、万全のセキュリティチェック体制、快適な水回り設備、レストランや物販など、充実した館内施設を売り物にテナント誘致を試みます。

引き抜かれた既存大型ビルが向かうのは、自分たちのビルよりも設備仕様が劣る中型ビルのテナントです。これまでは賃料水準が適合しなかったのですが、背に腹は代えられません。特に中型ビルで複数のフロアに跨《またが》って入居しているテナントなどには、

「フロアを統合できるので床面積が小さくてすみます」

「フロアを統合することで業務効率も格段に向上します」

などとセールスして移転を勧誘します。

複数フロアで空室になってしまった中型ビルは、仕方がないので小型ビルのテナントに声がけを始めます。フロア全体を借りてくれるようなテナントは小型ビルではなかなか存在しませんが、フロアを間仕切って少しでも穴埋めをしようとします。設備は小型ビルよりはましなので、同じ程度の条件であれば小型ビルのテナントも満足できるはずです。

こうしたビルテナントの移動を私は「テナントドミノ現象」と呼んでいます。よくバブルが崩壊すると新築のオフィスビルがガラガラになると思いがちですが、実際の市場では、当然「弱肉強食」の世界が展開されます。強いものが弱いものに次々と襲い掛かることで、最後に「しわ寄せ」を食らうのが、実は町中の中小ビルオーナーということになります。

中小ビルの多くが日本の経済の発展と軌《き》を一《いつ》にするように1970年代から80年代の後半にかけて建設されてきました。この頃の東京や大阪、名古屋など大都市圏のオフィスビル市場は、常にテナント需要が旺盛で、賃料は一方的な「右肩上がり」を享受できました。

私が１９８９年に三井不動産に入社した頃は、平成バブルの絶頂期。配属になったのは、都心部に土地を持つ法人に対してサブリースビルの建設を企画提案する部署でした。多くの法人はそれほど広い面積を所有してはいないので、計画されるビルのほとんどがいわゆる中小ビルでした。それでもオフィスビル賃料はどのエリアでも「上がりっぱなし」。どんな企画案でもその事業収支は右肩上がりの、まさに「薔薇《ばら》色」の収支でした。

実際にいくつかのオーナーに提案書を持参して説明しながら、正直なぜこの提案書でオーナーが「うん」と言わないのか不思議に思ったものでした。

その後の平成バブル崩壊以降、都心部では中小オフィスビルの建設は減少しましたが、中小ビル市場には当然ですがそうしたビルを好む、あるいはそうしたビルにしか入居できない多数のテナントが存在します。

こうしたテナントが、緩《ゆる》くなった条件を餌《えさ》に中型以上のビルに引き抜かれたのでは、中小ビルオーナーはたまったものではありません。

ところが中小ビルオーナーの多くは、この戦いに際してあまり形勢がよろしくありません。多くのビルが築30年から40年を経過しています。大手のビルと違って、建物の維持修繕をしっかりと行なっているところは正直あまり多くない、というのが実態ではないでしょうか。

また現実問題としてビルオーナーの多くが高齢化に直面しています。建物の老朽化とオーナーの高齢化がダブルパンチのようにビル経営を圧迫しているのです。事業承継を控えて、ビルオーナーの子息の多くは企業勤労者の道を選択しています。そして老朽化した建物を必要にして十分なだけの修繕を施す余裕のあるオーナーが少ないのが現実です。

ましてや最近の高い建設費を負担して、ビルを建て替えたところで現在のテナント賃料水準ではとうてい「採算が合わない」ことになります。

結果としてオフィスビル市場においてバブル崩壊の一番のツケが回ってくるのは、実は中小ビルオーナーなのではないかと睨《にら》んでいます。優良立地のビルであれば、大手資本に売却することも可能かもしれませんが、バブル崩壊時になれば価格は下落せざるをえません。それまで貸し込んでいた銀行からも、借入金の返済や条件変更を促《うなが》されるかもしれません。そしてそうした圧力に耐えられるだけの体力が、彼らには残っていないのです。

多くの中小ビルが売却処分されたり、あるいは会社ごとM＆Aされる姿がバブル崩壊後に見られることになりそうです。

土俵が半分になり、力士が４分の１になる不動産業界

私は１９８３年に大学を卒業して、当時の第一勧業銀行（現・みずほ銀行）に入行しました。第一勧業銀行は、１９７１年に第一銀行と日本勧業銀行が合併してできた銀行で、私の入行時は日本の銀行の中で「資金量日本一」を掲げていました。

当時の金融業界は、第一勧業銀行を含め都市銀行が13行、日本興業銀行、日本長期信用銀行、日本債券信用銀行の３行が長期信用銀行、このほかに信託銀行も含めて金融市場にはプレーヤーが数多く居並んでいました。銀行を志望する学生にとっても銘柄は色とりどりだったのです。

ところが、現在はどうでしょう。都市銀行同士は合併を繰り返し、メガバンクといわれる銀行は三菱東京ＵＦＪ銀行、三井住友銀行、みずほ銀行の3行となり、都市銀行の名称が残るのは、メガバンクにりそな銀行を加えたわずか4行になっています。長期信用銀行に至ってはすでにその役割を終えて、それぞれが別の道を歩んでいます。

この現象は金融界のみならず、製造業やデパートなどの流通業、総合商社などあらゆる業界で生じています。

一方で不動産業界はどうでしょうか。実は不動産業界はこれまであまりこうした動きがとられてはきませんでした。不動産はどちらかといえばドメスティックな業界でグローバルな競争にさらされてこなかったことや、どのデベロッパーも借入金が過大なために、合併をすれば借入金が大きくなりすぎて支える金融機関がいない、あるいはどの会社も似たような事業メニューなので合併をしてもシナジー効果は期待できない、などいろいろな理由が付されてきました。

しかし、現在デベロッパー各社は都心再開発の波に乗って事業をひたすら拡大させています。大手不動産会社の有利子負債は膨らむ一方の状況にあります。

そんな環境下、彼らが作る航空母艦クラスのオフィスビルはもうじき、その全容を東京都心に現わすようになります。

そればかりか都市郊外部では巨大な商業施設やアウトレットパークを展開し、幹線道路沿いには物流需要の増大を見込んで最新鋭の大型物流施設を続々建設。さらにはインバウンドを含めた観光旅行需要を見越してホテル、リゾート施設の開発にも余念がありません。

海外にも元気に出撃しています。ニューヨークやロンドンではオフィスビルや商業施設、アジアではコンドミニアムを地元企業などと手を組んで展開しています。

もちろんマンションデベロッパーとして、都心部における超高級マンションや湾岸部におけるタワーマンションの開発、分譲にも手抜かりはありません。

こうした全方位展開を行なう不動産業界各社は、現在の「バブル現象」をどのように捉《とら》えているのでしょうか。おそらく多くの会社の感覚として、実需を上回る供給を行なっていることに対する「注意信号＝警戒心」のようなものはなんとなく持っているものと思われます。しかし、かといってここで「引け」の合図は出しにくいというのも本音なのです。自らがバブルを認めるわけにもいきませんし、投資マネーが市場を席巻し、金利が史上稀《まれ》にみる低水準にある現在の環境下では「とにかく行けるところまで行ってやろう」という状態にあるようです。

さすがに2020年以降については、市場に対する見方はやや慎重になっているようにも見えますが、それまでの間の事業拡大は「急激かつ急速」です。いつの時代でもこの業界は図体がでかいだけに「急ブレーキ」を踏むことは苦手のようです。

おそらく今回再び「バブル崩壊」が現実のものとなった時には、業界内に再編の嵐が吹くことになるかもしれません。事実、こんなにデベロッパーの数が必要なほど、日本国内に今後も開発需要があるとも思えません。

すでにマンションデベロッパーの業界においては、平成バブル崩壊以降、業界再編が進み、マンション分譲市場が半分に縮小する中、プレーヤーは4分の1ほどにその数を減らしています。

おそらく、過大な負債を抱えたデベロッパーの中には、部門の切り売りや同業他社との合併を選択するところも出てくるでしょう。また他業種からの買収も盛んになるかもしれません。現に２０１７年5月、一部メディアで日本郵政による野村不動産の買収報道がなされ、話題を集めました。おそらく水面下ではかなり真面目に検討されてきたのではないかと推測されます。業界再編の芽は出始めているのです。

巨額の資金を集め、大規模な箱物ビジネスを展開してきた不動産業界も今後は、「量的拡大」戦略からタウンマネジメントや不動産価値を向上させていくソフトウェア中心の戦略をとるところも出てきそうです。

次なるバブル崩壊は、いよいよ日本の不動産業界再編の号砲となる可能性を秘めているといってもよいかもしれません。

意外な業種が倒産するバブル崩壊

今回のバブルで戦線が伸び切ったゼネコンやデベロッパーの一部が倒産する。異常な低金利政策に翻弄された銀行が、収益構造を確立できずに金利上昇と不良債権の激増に耐えられずに窮地に陥る。割合わかりやすい展開です。

しかし平成バブル時とは異なり、今回バブルが崩壊すると、世間では「おや？」と思うような銘柄の会社が倒産するのではないかと思われます。

平成バブル時、日本の主要メディアは、

「日本の地価は、不動産価格は高すぎる」

「このままでは誰も家が買えなくなる」

と騒ぎ立て、まるで不動産を扱う会社はみんな悪魔のような扱いをされたものでした。地価は今すぐ下げるべきだと特集記事や番組を組み、実際にこうした声を受けて政府日銀は地価の収束に全力を傾けることになりました。

ところが今、銀座山野楽器前の地価は平成バブル時とほぼ並び、都心の土地の取得競争は熾烈《しれつ》を極めているのにもかかわらず、メディアは妙におとなしくないでしょうか。雑誌の一部で「バブル再燃」と書き立てても、大手メディアからこれに同調する記事は出てきません。

まさかアベノミクスを標榜する時の政府に「忖度《そんたく》」しているわけでもないのでしょうが、どうも筆が立っていないのは事実のようです。何が大手メディアの動きを鈍くさせているのでしょうか。

理由は、メディアの収益構造の変化にあります。大手新聞社である読売、朝日、毎日、日本経済、産経の各社は、国民の「新聞離れ」で新聞媒体の収益を落としていますが、この減収を補っているのが不動産収益です。各社は読売、日経、産経が大手町、朝日が有楽町、毎日が竹橋といったいずれも都内中心部に本社を構えてきました。

同様に放送局も日本テレビは麴町に、ＴＢＳは赤坂に居を構えていましたが、移転したり再開発を行なうことで、徐々に不動産収益に依拠するようになっています。

都心部の容積率が上昇したことを受けて、各社は一斉に本社ビルの建て替えなどの再開発に走りました。そして本社機能は一部に留め、賃貸フロアを設けて多大な賃貸収益を稼ぐようになったのです。

彼らは今や「都心のビルオーナー」に成り代わってしまったのです。不動産の悪口を書くことは自らの首を絞めることになります。筆が鈍るのも、うべなるかなというわけです。

同じような現象は大手出版社にも見られます。文京区の音羽《おとわ》に本社を構える講談社、神保町に本社がある小学館なども大型のオフィスビルを併設してテナントに賃貸しています。出版不況といわれますが、実はちゃっかり不動産収益を飯のタネにしているのです。

最近は、学校法人でも賃貸オフィスビルを持つところが増えています。特に都心部に多くの不動産を抱える学校法人は、別会社形態でオフィスビルを所有しています。学校経営は少子化の影響もあり必ずしも順調なところばかりではありませんが、彼らが都心に所有する不動産は、本業以外の収益として経営を支えているのです。

さてこうした副業としての不動産経営を行なっているところでは、ビルの開発のために借入金を膨らませているところもあります。また彼らは必ずしも不動産経営のプロではありませんので、今後オフィスビル市場がテナント獲得を巡って大戦争が勃発したときに、競合に負けてしまう可能性もあります。

それでも本業が盤石であれば問題はないのですが、頼みの不動産経営に行き詰まると経営基盤自体が大きく揺らぐところも出てきそうです。

平成バブル崩壊時は、不動産業とはまったく関係のない多くの法人で、多大な借入金を抱えて倒産を余儀なくされるところが頻発しました。住専と呼ばれる農林中金系の金融機関が経営難に陥るなど、世間の目からすれば奇異に映るような現象が見られました。

そうした意味で今回、バブル崩壊が現実となった場合、またぞろ「意外な銘柄」が登場してくる可能性も否定はできません。いずれにしても、平成バブル時とは不動産プレーヤーの顔ぶれはずいぶんと変わってくるものと予想されます。

「負動産」を抱えて茫然自失《ぼうぜんじしつ》となる団塊ジュニア

不動産はこれまで、所有していれば価値がある「財産」として多くの国民が認識してきました。高度成長期から平成バブル時まで不動産はほぼ一貫して「右肩上がり」の成長を続け、一般庶民はとりあえず家さえ持つことができれば財産形成ができるとされました。

とりわけ１９７０年代から80年代にかけて、多くの若者が地方から東京などの大都市の学校で学び、企業に就職して「勤労者」の道を選ぶようになりました。団塊世代はその典型的な世代といえましょう。彼らの多くは地方に戻ることはなく、そのまま家族を持ち、大都市で定住するようになりました。定住するために彼らが求めたのは財産である「家」でした。

都心の地価は高すぎて手が出なかった彼らは、都心から郊外へと放射線状に延びる鉄道沿線に家を買い求め、長時間の通勤ラッシュと長期間にわたる住宅ローンの返済に耐えて生活を営んできました。

そんな彼らも定年退職。住宅ローンに次ぐ多大な教育費をかけて育てた子供たちも無事に巣立って、夫婦水入らずの老後生活を送っているご家庭も多いのではないでしょうか。

しかし、こうして手に入れた生活は今後、子供たちや孫たちの代へと引き継がれていくのでしょうか。家という財産を持ったのだから、この財産は次の代へと当然のように引き継がれていくべきなのですが、子供たちは都心のマンション住まい。家に帰ってくることなど考えられません。

それでは自分たちが亡くなった後の家はどうなるのでしょうか。子供たちが住まないとしても家は「財産」なのだから、子供たちの生活を豊かにしてくれるものになるはずです。

ところが、事態はあまり良い方向には向かっていないようです。彼らが汗水垂《た》らしてやっとの思いで手に入れた家が「財産」ではなくなりつつあるからです。

今回の不動産バブルで特徴的なのは、都心部の不動産は老朽化した建物の建て替え需要や投資マネー流入の影響で、大幅な上昇を続けている一方で、郊外の住宅地の地価は下がり続けているという事実です。

平成バブル時に「とうとう大分《おおいた》にはバブルはやってこなかった」というお話をしました。今回のバブルは大分どころか、通勤圏であるはずの郊外住宅地にすらやってきてはいないのです。

銀座の地価はバブル時を超えたと話題になりましたが、郊外ニュータウンの中古住宅価格は、バブル時の10分の1以下の価格をつけたまま上昇するどころかさらに下落する兆《きざ》しさえ見せています。

そして団塊ジュニアたちは、これから親が残していく「財産」であったはずの家の取り扱いに苦慮することになりそうです。都心居住が進むだけでなく、これから本格化する人口減少、とりわけ働き手である生産年齢人口が毎年100万人以上減少していく世の中で、都心まで1時間以上かかる郊外住宅に対するニーズは窄《すぼ》まる一方です。

特に彼らの親世代である団塊世代が後期高齢者になる2024年以降は「多死社会、大量相続時代」が到来するといわれていて、2030年には年間死亡者数は160万人を超えると予測されています。ニーズのなくなった親の残した家を、ジュニアたちは「財産」として受け継ぐことになるのです。

「貸せない」「売れない」「自分も住む予定がない」という三重苦を抱えた不動産は、いわば「負動産」と名前を変え、相続人であるジュニアたちを苦しめることになります。処分も活用もできない家は、維持管理費用や固定資産税、都市計画税などの負担に耐えなければなりませんし、家を取り壊して更地にでもしようものなら、小規模住宅としての固定資産税減免措置などの特典を失うことになります。

これまでは比較的流通性が確保されていたマンションも、今や首都圏近郊でもなかなか買い手が付かない物件が増えてきました。マンションの場合は加えて毎月、管理費、修繕維持積立金が容赦なく請求されてきます。

「こんなはずではなかった」ということになりかねません。

財産であるはずの家という存在は、バブル崩壊とは関係なくその価値を落とし続けますし、バブル崩壊でさらにその下落スピードが加速していくことが予測されるのです。

空き家と所在不明土地〜不動産放置プレイの蔓延《まんえん》

これからの日本で確実に起こる「多死社会、大量相続時代」は、不動産市場に大きな影響を及ぼすものと想定されます。つまりこれまでの、人口が増加する、あるいは都市部へ集中する、そして経済成長が続くという環境の下《もと》で、実需に基づき価格形成が行なわれてきた不動産市場が、今後は叶《かな》わなくなるということを意味しています。

家に財産としての価値が見出されなくなるのです。

空き家は、今後首都圏郊外を中心に大量発生することが予想されます。団塊ジュニアは相続した郊外部の家の処理に困り、空き家のまま放置せざるをえなくなる状態に追い込まれそうです。

家は放置しても、固定資産税などの税金の負担を余儀なくされます。またしばらく放置状態を続けると木造家屋は急速に傷《いた》み始めます。敷地内は雑草が生い茂り、樹木は枝を伸ばして隣家との境界を平気で跨《また》いでいきます。

それでも親が残した家、何とか管理を続けようとしますが、金銭的な負担も含めていったいいつまでこうした状態を保ち続けることができるでしょうか。

私のところにも、相続した家の問題で相談がよく持ち込まれます。正直このまま持ち続けても、平成バブル時のように不動産全体が値上がりするような時代が来ることは考えられません。「いくらでもかまわないので売却できるのならば売却したほうが良い」というのが、多くの相談に対する答えになってしまいます。

ところが、親の家というのは意外とやっかいなものです。兄弟姉妹で相続をして持ち分を共有で持っていたりすると、決断がまったくできなくなります。

私の知人は東京の多摩方面のニュータウン内にあった親の家を相続で兄、知人、妹の３人で引き受けたものの、今後の家の取り扱いで大揉《も》めです。本人は都心まで通勤で１時間30分もかかる親の残した家に住むつもりはありませんし、エリアに愛着もありません。不動産サイトで調べてみると、１０００万円近くなら売却できるかもしれない。それならば早く売れるうちに売っておこうという意見。

ところが妹は都心のマンション住まいで夫と２人の子供の４人家族。夫婦共働きで親の家に住む意向はないものの、口を開けば、

「お兄ちゃん、お父さんが必死に働いて買った家、売るなんて薄情だわ」

「１０００万円なんて、お父さんが聞いたら悲しむわ」

と詰《なじ》るそうです。そのくせ、庭の雑草取りには来ないし、年間で15万円ほどの固定資産税も彼女の相続分である３分の１相当額の負担すら嫌がって払わず、代わって彼が負担しているといいます。

肝心の兄は、ずっと海外勤務。ときおり電話やメールで相談しても、

「こっちは忙しいんだよ。親父の家なんだからほうっておけばいいんじゃね」

とこれまたまったくの無責任な放置プレイ状態。

結局月に1回、彼が現地を訪れて窓を開けて風を入れ、雑草取りや庭木の剪定《せんてい》をしているというものの彼も寄る年波には勝てません。

「なんだか、こんなこと何のためにやっているのだかわからないよ。俺が病気にでもなったらもう誰も管理しない廃墟ってやつになっちゃうんだろうね」

とため息をつきます。

しかし、このドラマはこれで終わりではありません。まだまだ続いていくのです。おそらくもう数年もたつと、この家のあるエリアのほとんどで相続が発生します。つまり彼と同じような状況になる家が続出するのです。エリア内を歩いても人っ子ひとり歩いていないゴーストタウンとなり、管理が行き届かない家は草木が生《お》い茂り、エリア全体がスラムのようになっていきます。こうなるともう家は売れません。廃墟の群れに変わり果てるだけです。

そして、彼の子供へさらにこの家は相続されていきます。誰にも関心を持たれなくなった家は、当然相続人である子供も関心を持ちません。それどころか相続したことを登記すらしなくなります。妹にも相続が起こる、相続人は誰も登記しない。この繰り返しがやがて「所有者不明土地」となっていくのです。

これとまったく同じ状況はマンションでも発生します。マンションが厄介なのは、マンションは区分所有者によって一棟の建物を所有していることです。すでに老朽化した一部のマンションでは相続が発生したことを相続人が管理組合に届けずに、管理費や修繕積立金の滞納が始まり、請求しようにも相続人が誰であるのか、皆目わからないなどといった事態が生じ始めています。

空き家から所有者不明土地へ、不動産がゴミのように放置される社会が到来しようとしているのです。

固定資産税大量滞納と自治体訴訟

親から相続した使い道のない「負動産」。不動産がやっかいなのは、建物はいざ知らず、土地は世の中から「消えてなくならない」ということです。どんなに高い車でも、嫌になったならスクラップしてこの世から消し去ることができます。建物ならば解体してしまえば、建物という存在自体はなくなりますが、土地はどんなに引っ掻《か》いたところで消えないのです。

つまり土地は永遠なのです、永遠だから価値があるという見方もできますが、永遠であるがゆえに、売却できなければ永遠に自分の手元から離れていかないということにもなります。

不動産は所有している限りにおいて税金を求められます。住宅を建てて住んでいれば一定の減額措置がありますが、そうでなければ市区町村が査定した固定資産税評価額に基づいて税金が課せられます。その不動産を使っていようが使っていまいが、「所有している」というその行為に対して、税金はかかってくるのです。

家が財産だったころは家族がみんな平和に生活し、その「住む」という効用を得るために、税金は支払っても十分意味のあるものでした。子供は地域の学校に通う。電気水道ガスの社会インフラを整え、道路を整備し、警察や消防が街の安全を守る。税金は生活していく上で必要なお金であったのです。

ところが自分たちは使わない、だからといって他人にも「貸せない」「売れない」

状態で税金だけはしっかり請求されるとは、不動産がまるで悪魔のような存在になりかわってしまうのが、相続後の世界です。

まるで価値のないものに対して、人々は関心を払わなくなります。米国ではリーマン・ショック発生時、痛手を被《こうむ》った多くの富裕層が最初に滞納を始めたのが、ヨットやクルーザーの係留費用だったそうです。まずは不要不急の対象から、人々は関心を失っていくのです。

親から相続していく家は今後、代替わりしていくにしたがって誰も関心を払わなくなり、やがて税金の滞納が始まっていくことが予想されます。

すでに「所有者不明土地」では、その多くで固定資産税が払われない事態が引き起こされています。今のところ所有者不明土地の多くが地方の山林や農地であり、滞納額はそれほど大きなものではありませんが、今後都市郊外部において、所有者不明土地が出現するようになると、問題は大きくなってきます。

納税する側から見ても、たしかに家族が住んでいて街が賑わっていたころであれば、税金負担も納得のいくものだったかもしれませんが、空き家となり、周囲も同じような状態となり、「貸せない」「売れない」状態で同じように税金を徴収されることには納得のいかないものがあるでしょう。

首都圏のニュータウンといわれているような住宅地であれば、年間の固定資産税は10万円から15万円は優にします。誰も住まないからといって家屋を撤去しようものなら、土地部分の税金は最大で6倍に膨れ上がります。

ただ所有しているだけでこれだけの税負担をすることに、納得感は少ないように思われます。

今後予想されるのは都市郊外部において、固定資産税評価額の適正な評価を巡って自治体を相手取った住民訴訟が頻発することです。平成バブル時であればまだしも、資産価値が大きく減じられてしまった現在の不動産に対して、当時と変わらない税金を課すことに対しての不満が、訴訟という形になって社会問題化することになりそうです。

訴えられる自治体にも、苦しい胸の内があります。全国の市区町村の財政状況は大変苦しい状況にありますが、自治体の歳入の約半分が固定資産税で占められているのです。つまり、不動産価格が下がったからといって、おいそれとは評価額も下げて税金を安くすることはできないのです。

「固定資産税減らしました。自治体潰れました」

日本創成会議人口減少問題検討分科会の推計によれば、このまま人口減少と高齢化が続くならば２０４０年までの間に全国で８９６もの自治体が消滅する可能性があるとの発表をしましたが、固定資産税を下げられただけでも自治体破綻が起こりうる状況にあるのです。

マンション大崩壊の現実化

私は２０１５年８月『２０２０年マンション大崩壊』（文春新書）を上梓しました。この新書は、やがてくるであろうマンションにおける住民の高齢化と建物の老朽化の問題を、区分所有という曖昧《あいまい》な法律概念のもとで形作られたマンションコミュニティの崩壊ととらえ、その危険性に警鐘《けいしょう》を鳴らしたものでした。おかげさまで大きな反響をいただき、多くのメディアからの取材や講演依頼を頂戴しました。

当時はまだ、大崩壊というような表現に対しては「大袈裟だ」「そんなことあるわけがない」といった反論や疑問もいただきましたが、これからの「多死社会、大量相続時代」において、この問題はますますクローズアップされてきそうです。

人は自分に関係がなくなり、関心が薄れたものはなるべく遠ざけようとする習性があると言いました。この問題は戸建ての家ばかりではなく、すでにマンションの現場でも起こっています。リゾートマンションのスラム化です。

平成バブル時には越後湯沢《えちごゆざわ》のリゾートマンションが飛ぶように売れました。みんながマンションを買ってまでもスキーを楽しみたいという欲望に駆られて買い求めたのが、現地に聳《そび》え立つ57棟のリゾートマンションです。

30年が経過した現在、これらのリゾートマンションの部屋は物件によっては売り値わずか10万円でネットに晒《さら》されています。10万円という売り値は、つまりまったく値段がつかないゴミということです。株式でいえば、倒産間近な銘柄が1円で売られているのと同じことです。

かつて若者で大いに賑わったゲレンデは、今や高齢スキーヤーと地元客ばかりです。リゾートマンションを購入した人たちの多くは、その後はスキーをやらなくなり、その息子・娘たちはもっぱらスマホでのゲームに夢中で、真冬の最中にゲレンデにやってきてスキー、スノボをするなんてまっぴら御免といったところです。

そして現在、越後湯沢のリゾートマンションで現実に起こっているのが、不動産価値の暴落と管理費、修繕積立金の滞納です。毎日利用しているような施設であれば、人はその施設の運営にかかわる費用を負担しても文句を言いません。しかし、もはやまったく利用しなくなった施設には、毎月３万円や４万円の費用を支払うことをためらうようになります。

実は10万円で売り出されているマンション住戸の多くは前所有者が管理費や修繕積立金を滞納しているケースが多く、購入の際には10万円以外に、滞納金額を支払う必要がある物件がほとんどだといいます。数年間も滞納を重ねていれば、その金額は優に１００万円を超えていることになります。

こうした事態はリゾートマンションに特異な事象なのかといえば、どうやらそうでもないようです。「所有者不明マンション」の出現です。

マンションは戸建て住宅などに比べれば比較的「売りやすい」といわれてきましたが、最近の市場では築年数が古いもの、特に旧耐震設計基準の建物などはまったく人気がありません。阪神・淡路大震災や東日本大震災でも旧耐震の建物に被害が集中したことなども影響しているのかもしれません。

また築年の古い物件ほど、区分所有者は高齢者が多く、住んでいる住民もその多くが高齢者です。所有者の多くが高齢者になると、経済事情が必ずしも明るくない人たちも出てきます。建物の大規模修繕や建て替えの検討を行なったとしても、すでに棺桶に片足を突っ込んだような年寄りに言わせれば「ほっといてくれ」という話になります。

もちろんマンションは彼らの資産。修繕をしなかろうが、建て替えをしないと決めようが彼らの自由です。しかし、このマンションではもっと年数が経過すると次第に相続が発生してきます。その時、この部屋を受け継ぐのは相続人ということになります。親が亡くなった後のマンションが、修繕も行き届かず、セキュリティも不十分で、使い道のないようなマンションであればあるほど、相続人もこのマンションは

越後湯沢の岩原スキー場ではゲレンデのリフト近くにマンションが（1989年）

「貸せない」「売れない」とわかって、関心がなくなっていきます。

ただし、マンションで困るのは相続後も管理費、修繕積立金を相続人が支払わなくてはならないということです。それならば相続が生じたことを隠しておこう。こんなマンションは自分たちはいらないから相続の事実は伝えずに放置しておこう、という動機が生まれても不思議ではないわけです。

そんな相続人には、マンションの管理もへったくれもありません。とにかく顔を背《そむ》けていたいという所有者が多数派を占めるようになったとき、「マンション大崩壊」が始まるのです。

第5章

崩壊後にやってくる不動産パラダイス

～ピンチがチャンスに変わる時

不動産「私権」を緩和する最大チャンスの到来

２０１７年12月、一般財団法人国土計画協会の研究グループ「所有者不明土地問題研究会」（座長・増田寛也東京大学公共政策大学院客員教授）が発表した最終報告は、日本国内に大量の所有者不明土地があることと、このまま何らの政策を講じずに放置するならば所有者不明土地は増加を続け、やがては北海道全土の土地に匹敵する面積の土地が「所有者不明土地」として多くの問題を引き起こすことを提言し、日本社会に大いなる警鐘を鳴らしました。

これまで述べてきたように、不動産は実需に裏打ちされた「役に立つ」不動産もあれば、投資マネーの思惑《おもわく》に翻弄《ほんろう》されながら価格の上下動を激しく繰り返していく「金融商品」のような不動産もあります。そして今問題となっているのが、誰も見向きもしなくなった「打ち捨てられた」不動産が世の中に蔓延《はびこ》りだしていることです。

みんなが関心を持たなくなった不動産は、そのまま「放置」しても大丈夫なのでしょうか。研究会の最終報告では、所有者不明土地の存在が、道路の拡幅など土地収用を伴う公共工事の進行を妨げ、崖崩れ防止のための山肌の修復工事の許可が取れない、震災、津波対策として確保しようとした高台住宅の用地が確保できない、放置された農地や森林の適切な管理ができないなど、多くの支障が生《しょう》じていることを明らかにしています。

そして所有者がわからなくなってしまう原因の多くが、相続の際に「相続登記」がなされずに相続が繰り返されることによって真の所有者が分散して、探索がきわめて困難になることで引き起こされるものであることが指摘されています。

登記そのものが単なる「第三者対抗要件」としての効力しか有しないのにもかかわらず、登記にあたっては登録免許税が課税され、司法書士などの手数料を含めて多額の費用がかかることを嫌って、どうでもよい不動産については登記を行なわないことも、所有者不明土地を増加させた要因であるとも指摘されています。

研究会では、相続登記を推進するために税の減免や登記自体の義務化、既存制度における手続きの簡素化や各省庁にまたがる情報の一元化などさまざまな改善策を提起しています。

私はこうした施策はそれぞれに問題解決のための処方箋になると思っていますが、

「そもそも論」として、日本における不動産所有権のあまりの「強さ」をなんとかしたほうがよいのではないかと考えています。

というのも日本における不動産の所有権は世界的に見ても非常に強い権利であり、この「私権」の強さがこれからの日本社会における不動産の役割を考えていく上で、それこそ「支障」になってくると思うからです。

多くの国では土地の所有権は賃借権などに限定されており、日本のような「完全な所有権」を認めている国は少ないのです。また欧米ではコミュニティーの考え方が浸透していて、不動産の所有権を認める一方で、「公共性」の概念も強く求められています。つまり不動産所有者といえども、コミュニティーに参加する意識がないものは排除される傾向にあるということです。

所有者不明土地問題研究会では法務省の協力を得て、全国10カ所の地区の約10万筆の土地の所有権の登記の状況を調査しましたが、なんと中小都市や中山間地域では不動産登記をしてから50年以上も経過して更新がなされていない登記が26・6%にも及んだといいます。

このようなまったく社会に対する情報提供を行なっていない「ひとりよがり」な不動産の存在をなくしていくためには、所有権に対して一定の制限をかけることも検討すべきと考えます。もちろん、法律では国民の財産権を守ることも必要にはなってきますので、所有権を取り上げるのではなく、たとえば、一定の探索手続きを行なった上で、真の所有者すべてを発見できなくとも、土地上に「利用権」あるいは「使用権」のような権利を設定できるようにするなど、私権に対する何らかの制約をかけていくという考えです。

現に農地においては、耕作放棄している農地などは、一定の条件下で農地中間管理機構が農地として借り上げ、集積・集約した上で希望者に貸し付けるような制度があります。

今回、ふたたび不動産バブルが崩壊するならば、不動産に対する国民の価値観はまた大いに揺らぐことになるでしょう。しかし、一方で不動産に対する私権の強さに一定の制約を課すチャンスといえるかもしれません。

不動産は個人のものであると同時に社会のためのものでもあることは、土地上には道路があり、公共施設があり、社会インフラが整備されていることからも明らかです。役に立たなくなった土地であるならばぜひ社会のために拠出する、そのための出口を国や自治体が用意してあげることも必要になってくるでしょう。

不動産所有権をもっと柔軟に――これがバブル崩壊後に期待できる不動産価値革命の一つなのです。

都市計画の根本的練り直しの必要性

価値のなくなった不動産がゴミのように扱われ、結果として多くの家屋が廃墟となり、農地が耕作されずに放置され、森林が適切な間伐《かんばつ》や管理がなされなくなることは、国土全体の荒廃へとつながります。

価値のなくなった不動産は取引をされず、廃墟はエリア全体のスラム化を誘発し、治安は悪化していきます。そんな土地は誰も関心を向けなくなるために、固定資産税を払わない、マンションの管理費や修繕積立金は滞納する、この「負の連鎖」が日本社会の新たな問題としてクローズアップされてくるのは、もはや時間の問題といえます。

これまで日本における都市計画は、すべて人口が増加することが前提に作られており、開発許可や土地区画整理といった工学的な見地からの都市づくりに重点が置かれてきました。

つまりこれまでの都市計画では、建物の適正な配置や街区の整備など都市としての発展を支えるものとして計画が立案され、よもや不動産が無価値化するなどという前提はどこにも存在していなかったのです。

空き家の問題は「空家等対策の推進に関する特別措置法」（空き家対策特措法）の下《もと》、空き家の撤去を自治体が行なうことにまで踏み込んで問題解決を図ろうとしています。また空き家・空き地バンクを創設して流通を促す取り組みもスタートしました。

前出した農地の貸し出しだけでなく、適切な管理が必要な森林に対しては、使用権を設定して防災に資するような動きも出てきました。

価値のなくなった不動産をなんとか再生していこうと、国も活発に動き始めているのです。

肝心なのはこうした取り組みが単発に終わることなく、それぞれに連携して最終的には「面」としての展開に結びつけることです。

そのためには、都市計画の考え方を今までとはかなり変えていかなくてはならない、と考えます。具体的には、国土の持つ役割が開発一辺倒ではなく、どうやって国土を「面」として保全していくのかという発想が都市計画にも必要だということです。

これまで土地を所有する人にその保全が委《ゆだ》ねられてきた土地が、価値を急速に失い、その結果として所有者が土地の面倒を見なくなってしまいました。土地所有者は自らの土地の面倒を見ない代わりに、これを公共性の観点に立って社会に役立てていかなければなりません。

しかし多くの場合、土地所有者はこの役割を担うだけの経済的基盤もなく、また意欲もないケースが多くあります。そうであるならば、上位計画である都市計画の中でこうした土地を積極的に受け入れる。そして都市計画の中で、土地の交換や買い取りなどを施すことによって、人々の生活に役立つ新たな都市を整備していく――こんな発想が都市計画には求められてくるのではないでしょうか。

実はマンションのような共同住宅でも、空き住戸や所有者不明住戸が、今後ますます多く発生することが予想されます。

マンションはいわば一つの街のようなものです。一棟の建物の中で数戸であっても管理費を払わない、管理組合活動に参加しないどころか、これを妨害するなどの行為があると、マンション全体の資産価値を落とすことにつながります。こうしたコミュニティーを壊す行為やコミュニティーに参加しない行動に対しては一定の条件の下《もと》で、管理組合決議での議決権を取り上げるなどのペナルティーを与える。または住戸間での移動や交換など、建物の区分所有についても流動化しやすいようにして建物内の環境を保っていくようなルール作りを求めてもよいのではないかと考えています。

マンションが最も小さなコミュニティーとするならば、ここを基点に次第に広域的な視点から都市計画を組み立てなおすことによって、現在社会が抱えている不動産に対する価値観の変化を計画に活《い》かしていくことができるはずです。

こうした改変はある意味でバブル崩壊のような大きなイベントが起こると、一気に進められるという性格を持っています。土地利用計画と合わせて都市計画の根本的な見直しが求められているのです。

住宅は、一生のうち何度もする買い物へ

日本の中古流通市場を見ていると、不思議なことがいっぱいあります。

私がまだ三井不動産に入社したばかりのころ、ある中古物件の仲介の仕事に携わりました。物件は神奈川県鎌倉市にある一軒家。建物は戦前に建てられたもののようですが、大変しっかりと造られた洋館で、重厚な佇《たたず》まいです。歴史を十分に感じさせる素晴らしい建物に、現地を訪れた私も時計の針が戻ったようなノスタルジックな気分にさせられたものでした。

売主は数年前に亡くなり、相続人が持て余して売却をしたい、との申し出でした。さて売り値の査定です。私はまだ入社後間《ま》もなかったので、不動産仲介は素人の域を出ていません。先輩に教わりながら価格を査定していきます。土地の形状、傾斜、

境界の確認など土地周りの作業を行ないます。周辺の取引事例も綿密に調査します。鎌倉といってもエリアによってだいぶ土地の値段は違ってきます。この物件は超一等地ではありませんが駅からも近く、まずまずの立地です。この場所なら良い価格がつきそうです。

そして建物の調査をしようとした私に、先輩が声を掛けました。

「ああ、建物はいいや。どうせ価値なんかないから。古屋と表示すればそれでかまわないよ」

そうです。日本の不動産流通業界では建物の価値は木造などの場合は築20年を超えるとほぼゼロという査定が平気で行なわれるのです。つまり中古査定価格はほぼ土地代相当ということになるのです。

素人目にはまだ十分使用できるお洒落な洋館のお値段がゼロ。それどころか、

「解体費用分は土地の査定価格から引いておかないと売れないかもな」

先輩の声が響きます。なんだかその声に当時の私は大いなる違和感を覚えたものです。日本においては中古住宅の査定に当たっては、とにかく建物の価値を認めようと

しないのです。

同じ時期に同じ仕様の家を買った場合でも20年も経過すると、それまでの家の管理内容によって物件の価値は大きく異なってくるはずです。これは住宅に限らずオフィスビルでも商業施設でもホテルでも理屈は同じです。ところが中古住宅では築年数で「一発アウト」これはおかしな話です。

以前は日本の木造住宅は耐用年数も20年程度といわれ、それは日本の住宅は木と紙でできていて20年以内には建て替えなければならないような劣悪なものが多くあるからだ、とされていました。しかし、現在では木造住宅でも耐久性、耐震性にすぐれ、100年も持つような優良住宅が建てられるようになっています。

それでも、築年数が経過した中古住宅に高い査定値がつくことは稀《まれ》です。

中古に価値を与えないということは、住宅の持ち主がいざ市場で売却しようとする際には、「土地代しかあてにならない」ということを意味します。

たとえば土地の評価額が50坪で5000万円、つまり坪当たり100万円だったとします。ここに40坪の住宅を3200万円で建設します。坪当たり80万円程度の建設費になりますから、設備仕様は十分な住宅といえます。土地と建物を合わせた費用は８２００万円ということになります。

ところがこの住宅、20年たっていざ売りに出すと土地代のみが売り値と査定されてしまうのが常です。土地代が10％値上がりしていれば５５００万円。ただし建物代はゼロなので中古価格は５５００万円にしかなりません。わずか20年の間で２７００万円も不動産価値が下がったことになります。ましてや土地代が10％下落してしまうと中古価格は４５００万円。そこに建物の価値は一切包含されないのです。

これでは、日本人が自らのライフスタイルに合わせて住宅を気軽に買い替えていくことは、至難の技となってしまいます。

アメリカ人は人生の中で5、6回は住み替えるといいます。それは中古住宅に価値があると多くの人が信じているからです。テレビ番組でご一緒した米国人タレントは私にこう言いました。

「日本人、よく勇気出して新築住宅買うよね。なぜって、アメリカじゃ、まだ誰も住んだことのない住宅なんて怖くて住めないよ」

これはアメリカの住宅の施工が悪いということではなく、「人が住んで性能をちゃんと確かめた」あるいは「前住んでいた人がリニューアルをしてさらに価値を高めた」ということが普通に評価される、ということです。

それでもこれからの日本では、不動産価値に対する見方が新築一辺倒から本当に自分たちのライフスタイルに合った住宅を中古住宅に見出すような時代になると考えています。

なぜなら、デベロッパーがモデルルームなどで展開する仮想現実の世界などが実際の生活にはころがっているわけではないことに、多くの人たちが気づき始めているからです。とにかく家を持たなくちゃ、といった脅迫概念が薄れ、不動産価格が手ごろな価格に落ち着いてくれれば、人々はじっくり住宅の品定めを行なった上で、新築や中古の関係なく、真に自らのライフスタイルに合った住宅を選ぶようになるでしょう。

国でも、中古住宅流通を促進するために中古住宅に関する性能評価制度を制定し、物件の価値を正しく判定する一助となるようにしています。業界側も建物に価値が見出せるようになれば、もっといろいろな売り方が可能になってくるはずです。

バブル崩壊は、こうした中古住宅の流通にも中長期的には良い影響をもたらすことになるかもしれないのです。

都心賃貸と郊外田園住宅

以前は賃貸住宅といえば安普請《やすぶしん》というのが定番な見方でした。理由は２つ。

一つは、賃貸住宅はアパートなどに代表されるように、住宅を購入するまでの「とりあえず」の住宅であり、住んでも２年からせいぜい５年程度住めればよいため、住宅の設備仕様などは二の次という意識が、住宅を供給する側もこれを賃借する側にもありました。

理由の２つめは、アパートも賃貸マンションも地主さんの土地活用が中心で、デベロッパーなどの大手企業が参入しておらず、設備仕様もまちまち、管理の仕方もオーナーの考え方や性格によってばらばら、という実態があったからでした。

賃貸物件というのは、オーナーにとっては当然ですが「なるべく安く建てて、高く貸す、そして管理費用はケチる」ことによって収益が極大化します。借りる側も短期間しか住まないし、「住む」ことに拘《こだわ》る人たちは自分の住宅を買って出ていく。オーナー側も賃貸住戸はなるべく回転してくれたほうがよい。

つまり、2年程度でテナントが入れ替わってくれたほうが、そのつど原状回復費を（多めに）請求できるし、新たなテナントからは（しこたま）礼金をとれる。管理費用はなるべくかけずに、「至らぬサービス」をしてテナントが出て行っても、また新しいテナントがやってくるのでかまいやしない。

こんな思惑があるために、「顧客ファースト」のような発想は皆無だったのです。

こうした無手勝流アパート経営は人口が増加し、都会に大量の若者が継続的に流入し続けている間は成り立ちました。しかし、人口減少、とりわけ若年人口の急激な減少と賃貸アパートなどの供給過剰は、需給のミスマッチを招き、これまでの無手勝流では通用しない時代となりました。

また、テナントの居住環境に対する欲求は高まる一方です。なぜならオーナーが子供のころに育った住宅と比べて今の住宅は性能がどんどん上昇し、そうした環境に慣れてきた彼らから見て安普請の賃貸アパートは「住むに堪《た》えない」代物になってしまったからです。しかも大量に供給された賃貸アパートは「借り手優位」。テナントによる選別が始まったのです。

こうした背景から賃貸アパートでも、しっかりとしたマーケティングと管理マニュアルに基《もと》づき安心な経営ができるようなシステムを提供する企業が出始め、マーケットはずいぶんと洗練されたものとなりました。

また、不動産の証券化は賃貸住宅市場に新たな息吹を吹き込みました。投資マネーの流入は、これまで土地オーナーの土地の有効活用にすぎなかった賃貸住宅経営から、土地を含めた「投資案件」として投資家の利益に適う商品構成が求められるようになったのです。

当然投資家も「最大限の利益」の獲得を目指しますので、「なるべく安く建てて、高く貸す、そして管理費用はケチる」という発想自体は変わりません。しかし、彼らは合理的に物ごとを考えるので、「いかにすれば、安くても質の良い建物が建設でき、テナントが喜ぶ仕様ができ、合理的に管理費をケチることができるか」を徹底して追求するので、これまでの無理ムダを徹底的に排除して経営効率を上げる工夫を、随所で見せるようになります。
またJ－REITのように投資家のマネーをバックに中長期にわたって不動産運用を行なっていく立場からすれば、「快適な物件の提供とそこに継続して長く住んでいただくためのサービスを施し、中長期にわたって継続的に収益を上げていく」という発想が、賃貸住宅市場にも登場するようになりました。

また消費者の間でも、結婚して家族が増えたら家を買わなければならない、といったステレオタイプな住宅すごろくに従うのではなく、気軽に賃貸住宅で暮らそうというライフスタイルを選ぶ人たちも確実に増えてきました。

最近では都心部にもワンルームだけでなく、2LDKや3LDKなどファミリーでも暮らせる設備仕様の良い賃貸マンションも、数多く用意されるようになってきました。

とりわけ夫婦共働きがあたりまえの時代、都心居住は絶対条件の一つです。ところが都心で住宅を買うには夫婦で大きなローンを背負う必要があります。都心で働くのに際して何も「めちゃ高い」マンションを買わなくても賃貸を選択する発想も出始めています。

不動産バブル崩壊で自らが買い求めたマンションの価値が下落していく中で、多額の住宅ローンの返済に苦しむよりも、おそらくバブル崩壊と同時にリーズナブルになると思われる賃貸住宅を自らのライフステージに合わせて住み替えていくという選択は、今後の生き方として一つの潮流になっていくのではないかと考えます。

さらに、地価が大きく下落した郊外部で、これまでは考えられなかったほどの広い敷地を買い求め、そこに自分たちの「想《おも》い」がたくさん詰まった、自分たちだけの田園住宅を建てる人が出てくることでしょう。平日は都心の賃貸マンションに住み、週末は郊外の田園住宅ですごす、こんな新しい生き方が意外と早い時期に日本でも実現できるようになってくる気がしています。

デベロッパーによるお仕着せのマンションや戸建て住宅ではなく、自分たちのライフスタイルを形にした住宅で、週末に友人を呼んでガーデンパーティーを開く、こんな夢のような生活が不動産バブル崩壊後の日本に登場するのです。

賃貸住宅を安心して借りられる高齢者

「住宅は賃貸がよいか、所有がよいか」という論争が日本では果てしなく続けられていますが、所有がよいという人の理屈の中で、

「賃貸住宅は高齢者になると大家さんが貸してくれなくなるので心配」

という話があります。

たしかに、貸し手側から見ると、高齢者というのはあまり歓迎できないテナントのようです。高齢者は一度入居したら出ていかない。入居率の確保が課題となっている賃貸住宅も増えたのでこのこと自体はあまりマイナス要因とはいえませんが、最大のリスクが孤独死です。ある日室内で亡くなっていたりすれば、その後片付けは大変なことになります。特殊清掃という業務がありますが、ご遺体の発見が遅れれば遅れるほど、室内の清掃は大変なことになります。他の住民に迷惑がかかることも多く、退去につながるリスクもあります。

私の知人で、80歳を超えて郊外の自宅で一人暮らしを続けるお父さまを説得して自宅を売却、都心の賃貸マンションを借りようとした人がいますが、彼曰《いわ》く、

「どこに行っても年寄りは困ると言われて本当にまいりました」

なんとか保証人である知人がすぐ近くにいて、いざという時には駆けつける態勢が整っていることを説明して、入居を承諾してもらったとのことでした。ちなみにその知人は経済的にも恵まれた方で、家賃の支払いにもなんら支障のない方ですが、そんな条件でも入居に苦労したという話を聞くと、「所有派」の方が指摘する不安もわかるというものです。

しかし、今後はどうでしょうか。2013年現在、日本全国で空き家数は約820万戸といわれていますが、実はそのうちの約半数の429万戸は賃貸用住戸の空き家といいます。空き家のうち東京都内の空き家は81万7000戸にも及んでいますが、そのうちの7割強にあたる59万8000戸が賃貸用住宅の空き家です。

野村総研の予測によれば、このままの状況が続いたと仮定した場合、空き家数は2033年には2146万8000戸に膨れ上がることが予想されています。仮にそのうちの半数が賃貸用とするならば、1000万戸以上の賃貸用住宅が空き住戸として出てくることになります。

すでに不動産情報サイトの「LIFULL HOME'S」の調べによれば、都心部の賃貸住宅の空き家率は、東京の千代田区で36・5%、中央区で27・7%にも及んでいます。その多くが老朽化した賃貸アパートなどが占めているものと思われますが、いずれにしても今後の賃貸住宅市場は完全な「借り手優位」になることだけは間違いなさそうです。

背に腹は代えられない賃貸アパートやマンションのオーナーは、すでに生活保護世帯や外国人にも触手を伸ばしてテナント確保に躍起となっています。高齢者だから「はい、お断わり」などと言える贅沢な環境ではなくなってきているというのが、世の中の実態です。

一方で、高齢者だからお断わりではなく、高齢者に対する安否確認や生活相談などのサービスを結び付けた賃貸住宅は、すでにサービス付き高齢者向け住宅として市民権を確立しつつあります。

このように時間軸を「現在」だけで比較を行なうのではなく、軸を少し将来、たとえば10年後20年後に移動させて社会環境がどのように変化していくかを考えるのは、住宅の取得などの判断ではきわめて有用なことです。今が「トク」だからと飛びつくものにろくなものはありません。誰しもが今、利益を得たいがためにいろいろな甘言を呈するのが世の常であるからです。

今後は高齢者が賃貸住宅を借りる際のチェックポイントやルールの整備が進むものと思われます。つまり、テナントを年齢だけで選別するのではなく、健康状態やそれに対応するサービスの付与、とりわけＩＴなどを活用した「見守り」サービスなど、逆に高齢者やその家族が喜ぶような付加価値を付けた賃貸住宅が、その存在価値を高めていくのではないかと期待されます。

人々はそれぞれのライフスタイルに応じて住む場所、住む家を気軽に移っていく。こうした価値観の変化は不動産や不動産に関連する業界にとっても、けっして悪い話ではないはずです。多くの人が人生の節目ごとに移動をしていく社会では不動産が動き、街に、エリアに人が出入りし、人が出入りすることで消費が喚起され、活性化されるのです。

都心オフィス賃料坪1万円時代の幕開け

都心の賃貸オフィス市場が、超高層ビルをはじめとする巨大ビルの供給圧力にさらされ、なおかつテナント需要の伸びがあまり期待できないことから大きく崩れるであろうことは、すでに述べてきたとおりです。

では、オフィスビル市場はどのくらいの痛手を被《かぶ》ることになるのでしょうか。私は、少し乱暴ですが、東京のオフィス賃料は、不動産バブル崩壊後は現在よりも2割程度下がるのではないかと見ています。2割といえば、これまで月坪あたり4万円以上をとっていた丸の内や大手町の賃料が3万円台前半に、2万円をとっていた中堅のオフィスビルが1万6000円程度に、そして現在1万5千円の小型ビルが1万2000円程度に落ち込むということです。

この値は東京都心部での想定値ですから、同じ東京都内でもちょっと条件の悪い(築年、立地や形状など)物件であれば、坪あたり1万円のオフィスビルが出てきてもおかしくないと思っています。特に中小ビルは「テナントドミノ倒し」の影響をもろにかぶることが予想され、空室を埋めるためには大胆な賃料引き下げに走るところが出てきても不思議ではありません。

今のオフィスビルは、とりわけ東日本大震災以降は、建物のいわばスペック競争ともいわれるような争いが展開されてきました。

地震に対する安全性はもちろん、企業活動が持続可能であるようなさまざまなバックアップ電源の装備や備蓄食料、安全装備がこれでもかと並びます。省エネ装備も完璧です。照明や空調の制御、水回りの節水、建物全体のCO_2のコントロールなどまるでビルに入居していると、世界の環境対策に貢献しているかのような錯覚に陥ることができるほどです。

また執務スペースにあたるテナントの専有部分の天井高は、高くなる一方です。最近のビルでは天井高が３ｍにも及ぶものが出てきました。共用施設であるロビーは豪華さを競い合い、飲食設備のみならずホテルや住宅、美術館、ホール、映画館などを併設し、あたかも一つの街を形成しているような物件まで出現しています。

オフィスの電気容量も飛躍的に増大し、データセンターでも即入居できるようなビルが増えています。

このように、オフィスビルにおける執務環境の改善には著《いちじる》しいものがあります。しかし、やや醒《さ》めた見方をするならば、こうした機能競争はテナントにとって良い部分もあれば、正直どうでもよい部分もあるというのが、本当のところではないでしょうか。

私は、三井不動産を離れてもう干支《えと》が一回りするくらい時間がたってしまいましたが、独立起業をしてからも大手町や日本橋にあるような素晴らしいスペックのオフィスビルに入居したいと思ったことは一度もありません。三井不動産では大型のオフィスビルの企画立案をたくさん行なっていたにもかかわらず、です。

もちろん、私の会社は巨大オフィスビルを利用するような規模でもありませんし、賃料を払えるような資力もないのでこんな発言は「負け犬の遠吠え」にすぎないのかもしれませんが、たとえ大きな組織で十分な資力があったとしても、少なくとも自分が不動産関連の事業を行なっている限りにおいて、これらのビルは明らかに「オーバースペック」であるからです。

2011年東日本大震災が勃発した時、私は港区新橋の小さなビルにいましたが、その当時を振り返っても、仮に自分がどんなにスペックの良いオフィスビルにいて、企業としてのＢＣＰが正常に継続できたとしても、あの日はオフィスに残って仕事をする気に、少なくともなれませんでした。避難する際にもエレベーターは使えないし、使いたくもなかったのです。高層階などにいたら、さぞや不便を強《し》いられたことでしょう。

天井高が３ｍあっても、私には何だか落ち着かない空間です。同じ建物の中に美術館や映画館があるといっても、たまにしか利用しないので「別にあってもなくてもかまわない」施設にすぎません。むしろ私にとっては毎日昼食をとる際に、チェーン店ばかりではないリーズナブルで美味しい飲食店があることのほうが、オフィスを選ぶ際には大切なポイントになります。

六本木ヒルズや東京ミッドタウンなどは、駅から自分のオフィスにアプローチするのに広大なロビースペースを歩き、厳重なセキュリティゲートを通過して、人いきれでむせ返るようなシャトルエレベーターから各階エレベーターに乗り継ぎ、結局駅から自分のデスクまで10分以上かかってしまいます。せっかちな私には向かないのかもしれません。

実は一部のグローバル企業を除いた多くのテナントにとっては、現在提供されるオフィスビルの多くは、使いもしない機能をいっぱいに詰め込んだ家電製品のような状態ともいえるのです。

そうした意味では不動産バブル崩壊後、オフィスビル市場が「借り手市場」に変わってくると、テナントがオフィスビルを評価する価値軸にも変化が出てくると思われます。

何といっても、オフィス賃料は企業経営者にとっては人件費に次いで頭を悩ます固定費です。なによりも立地が良くて、耐震性に優れ、水回りなどの共用部が清潔であれば、私はオフィスの執務環境として十分だと思っています。そうしたビルが今後はかなりリーズナブルな賃料で借りられる時代がやってきそうです。

それは企業にとっては生産性が上がることになります。まことにけっこうな時代の到来です。

本格的なリノベーション社会の到来

不動産バブル崩壊後の日本では、ようやく本格的なリノベーション社会が到来しそうです。

空き家の増加が止まらず、所有者不明土地が国土の荒廃を加速させる時代にあって、今後は宅地造成をして住宅地を開発分譲することに対するニーズはなくなりますし、新築マンションマーケットは小さくなるいっぽうです。

住宅着工戸数は２０１７年で96万５０００戸ですが、野村総研の予測では２０３０年度には55万戸にまでその数は減少していくといいます。郊外部へと広がっていった住宅地が都心回帰を始め、人々が住むエリアが縮んでいく中で、中古住宅をリノベーションして住み続けていく選択をする人も、増加していくことが予想されます。

中古住宅に対する性能評価が中古流通価格に反映されるようになれば、建物を築年数だけで判断しない、正しい価格付けができるようになります。そうなれば、中古住宅に対してインスペクション（検査）を行ない、修繕すべき部分、追加すべき設備などを抽出し、これに対してリノベーションを加えることで不動産価値を維持、増進させていこうという機運も生まれます。

私の知人は、25年前に買った自宅の全面リノベーションを行ないました。子供たちが独立したのを機に一時は建て替えも検討したとのことですが、家の軀体《くたい》はしっかりしているし、何といっても現在の建設費の高さはそのほとんどが人件費。これでは自分たちが望む仕様の家を建てることはできないと判断し、リノベーションに踏み切ったとのことでした。

まず手を付けたのが水回りです。タイル貼りの風呂場は梅雨《つゆ》時になるとカビが生えて清潔に保つのが難しかったのでユニットバスに。ご主人にとっては、ユニットバスはビジネスホテルやマンションに入っているチープな風呂場との印象が強かったのですが、ショウルームに行って豹変、デザインの選択肢も多く、すっかりユニットバスの虜《とりこ》に。さらに洗面台、トイレ、キッチンをリノベーションした、ということです。

水回りが刷新されるとその知人の話では「生活が一新した」ほどのインパクトがあったそうです。

さらにお子さんがいた部屋の家財道具を整理し、子供の持ち物はすべて処分。各部屋をシングルベッドと簡単な机だけにして、いつ子供が帰ってきても宿泊はできるように設《しつら》えました。知人の家は京都にアクセスが良いので将来的には民泊などで「稼げる」ようにしておこう、との思惑もあったようです。

またこのリノベーションを機に「断捨離《だんしゃり》」を実現、すっかり身軽に生活もリノベーションしたということです。今後この家が空き家になっても、子供たちが民泊などで自由に活用できるようにしておけば、自分たちがいなくなった後の将来も安心というわけです。

築25年くらいでは最近の家はびくともしません。以前はたとえば40歳すぎで戸建て住宅を買って30年もすれば多くの人が亡くなるか、病院や高齢者施設に入っていたので、耐用年数はそのくらいで十分でした。

しかし今は、人生90年時代といわれます。定年退職してもまだ30年近い人生を送ることを考えれば住宅はそのつど建て替えるのではなく、適宜手を入れてその価値を維持していくこと、そしてその価値が正しく評価される市場の整備が求められているのです。

最近では大手デベロッパーも新築マンション一本やりではなく、都心の優良立地にあるマンションなどを、一棟丸ごとリノベーションして再分譲するなどのプロジェクトを展開し始めました。既存建物を取り壊して更地《さらち》として、新しい建物に建て替えるには、解体費や建設費が高騰していて採算がとれない、そこで既存建物の価値を認め、既存建物を磨いてさらに価値を高めようという試みになったわけです。

不動産は手を加えながら価値を高めていけば、流通市場でも評価される、そんな時代が不動産バブル崩壊後はやってきそうです。

ソフトウェアが不動産価値を決める

新築住宅着工戸数が減少し、新築オフィスの供給が止まり、インバウンド狙いのホテル建設が一服すると、これまでひたすらハードのみで勝負してきたデベロッパーやゼネコンが苦境に陥ることが予想されます。

彼らにとっては、経済変動だけでなく、人口減少および高齢化という、日本社会が置かれた状況から「構造的に」顧客がいなくなるというのは、おそらく初めての経験になるのではないでしょうか。

これまではとにかくハコさえ作れば、多少売れない時期や借り手が現われない時期があったとしても「まあなんとかなる」というのが、彼らのビジネスでした。

ところが「ハコはもういらない」と言われた瞬間、彼らは存在意義を失ってしまうのです。今回、不動産バブルが崩壊した時に、彼らのうちの何社かが苦境に晒《さら》されると見るのは、不動産における「価値観の変革」を、今回の崩壊がもたらすのではないかと見ているからです。

ハコはすでにたくさん存在しています。ですが、それぞれのハコはそれを作った時代のニーズに合わないものが多くなってきました。ではハコを作り直すのか。一部の大きなハコは作り直せばよいですが、それ以外のハコは作り直すだけのお金もありませんし、費用対効果も見込めません。

そこで考えなければならないのが「ハコの中身」です。これまでの「オフィス」あるいは「住宅」と称していた中身、つまり用途が現代にそぐわなくなってきているのです。したがって中身を考え直さなくてはなりません。これが不動産バブル崩壊後の業界の命題なのです。

ソフトウェアの登場です。これまで不動産はひたすらハードの整備に力点が置かれてきました。以前、住宅は常に不足し、オフィス床は経済成長とともにニーズは拡大する一方でした。ひたすら「量」を供給していけば、顧客の要求に応《こた》えられた時代でした。

そして人々の生活が豊かになり、ビジネスも複雑化高度化する中で、より機能性があるオフィス、立派な設備仕様のマンションが整えられてきました。これも環境変化に対応しただけでハードをより強固にした変化にすぎませんでした。

しかし、これからはオフィスや住宅といった「ハコ」に対するハードとしての付加価値を考えるのではなく、「ハコ」の中身である「ソフト」を構築する時代になったのです。

簡単な事例がパソコンです。パソコンはそれまでは大型の計算機の域を出なかったコンピューターが、個人で利用できる端末になった点で画期的なものでした。ＩＢＭやＮＥＣ、富士通といったブランドで私たちはパソコンを買い求めました。私たちはいわばパソコンというハコを選んでいたともいえます。

ところが今、パソコンをハコで選んで買う人は皆無でしょう。Windows 95の出現以来、私たちの職場での働き方は激変しました。その後グーグルの誕生はパソコンを検索機械へと変身させました。

いまやスマートフォンは電話の機能というよりもメール、ライン、フェイスブック、インスタグラム、ツイッターなどさまざまな通信機能や、カメラ、ビデオ、ゲーム機能を併《あわ》せ持った、ものすごく高性能な「ハコ」に進化しています。

今や、このハコの中身であるソフトウェアの充実が、多くの人がスマホを手にする動機になっています。

不動産についても、今後はハコの中で行なう事業の中身を企画提案していくビジネスに変わっていくと私は見ています。ですからハコは何も「最新」のものでなくてもかまわないということです。

現代社会ではよくイノベーションという単語が使われるようになりました。新たなソフトウェアを組み立ててまったく新しい価値観の社会を作り上げるためには、多くの分野の知見が必要になってきます。そしてそれらの知見を組み合わせてこれを一つのソフトウェアにまとめていく役割も必要になってきます。

同じように不動産の世界でも、これまでとはまったく異なる世界からの知見の輸入が必要になってくるのです。ハードを作ることとソフトウェアを企画立案することでは、使う脳みそがまるで異なります。これは、現在の不動産業界の人間だけではこれからの時代を生き抜いてはいけないということを、意味しています。

社会学の言葉に、「ストロングタイズ」と「ウィークタイズ」という言葉があります。「タイ」とはネクタイのことです。つまり「強く締めたネクタイ」と「少し緩めたネクタイ」という意味で、社会の在《あ》り方、価値観の置き方の違いを説明した言葉です。

ストロングタイズの世界は、びしっとネクタイを結んだ状態。つまり確《かく》たる「成功の方程式」が存在し、その目標を達成するために一心不乱に仕事する、そのために強固な組織を構築する、圧倒的な資金力を持って市場を制する、こんなビジネスモデルです。これまでの不動産業界がまさにこの「ストロングタイズ」の世界です。不動産屋の多くはネクタイを必ず着用していますよね。

これに対して「ウィークタイズ」の世界は、ネクタイを緩めた、あるいはノーネクタイのちょっとだらしない人たちの集まりです。相互に強固な関係性はなく、お互いがそれぞれの立場から発言する、仕事に関わる緩い関係を示しています。こうした仕事は、複雑な方程式を解くために外部組織とも連携しながらプロジェクトを企画立案する能力が必要になります。

これからの不動産業がハコの中身を企画立案しなければならない時、実はこの能力が業界には十分に備わっていないのです。

私は現在、不動産の事業プロデュース会社を経営していますが、私が狙ったのは、まさに不動産に関する事業企画立案をお手伝いするというソフトウェア事業です。私の会社は不動産投資をやっているわけでもありませんし、不動産管理を行なっているわけでもありません。よく関係者から、

「牧野さんの仕事って何やってんの？」

と聞かれることも多いのですが、この仕事を専業でやっている会社は、私の知る限

り日本国内にはほとんどありません。

私の会社がある小さなオフィスに日々集まるのが、このちょっとネクタイの緩んだ人たちです。バリバリの不動産屋さんはあまりいらっしゃいません。不動産にソフトウェアを構築する、不動産の未来事業です。

AI、IoTが不動産を支配する

もともと不動産業界は超ドメスティック産業ともいわれ、いつの時代でも「経験とヤマ勘」の世界でした。そのせいか、どちらかといえば、体育会系の度胸と根性で勝負できる人材や、英語はまったくダメでした、理数系は苦手、などというタイプの人材の宝庫でした。

不動産の証券化が進むことによって、それまでブラックボックスといわれた不動産の運用状況、つまりどんなテナントにいくらで貸しているか、管理費はどのくらいかけているのか、投資家向けに情報開示が進みました。理数系は苦手とはいってはいられなくなったのです。ついでにいえば外国人投資家も登場してきたので、英語苦手も通用しなくなりました。

さらにこれからの時代、この業界にもご多分にもれずＡＩ（人工頭脳）、ＩｏＴ（モノのインターネット）の世界がやってきます。

ある日、私のオフィスに聞きなれない会社の方からの訪問がありました。彼らの相談事というのは、中古マンションの住戸すべてについて、ＡＩを駆使して毎日株価ボードのようにその日の値段をつけるビジネスをしたいという素っ頓狂《すっとんきょう》なものでした。

マンション住戸を上場しているわけでもないのにどうやって株価、否《いな》、不動産価格が付くのか仕組みは最後までよくわかりませんでしたが、こうしたシステムが世の中的にはどのような役に立つのか、あるいはどのように構築すれば役に立つのかといった難しい質問でした。

マンション相場が下がっている時には、自分の住んでいる住戸の暴落ぶりを嫌でも見せられる、そんなことでよい気分になる人は皆無じゃないかと初めは思いました。

しかしよくよく考えてみると、多くの人は自分が住んでいる住宅の現在のマーケット相場をあまりよくご存じない、自分の持っている株式は毎日株価ボードとにらめっこしているくせに……。では時価を知れば、その所有者は狼狽《ろうばい》して慌てて売りに出すかもしれない。それはひょっとして「人助け」になるかも。

また別の人は自分の家が「こんなに高くなっているんだ」と感激して売りに出すかもしれない。中古不動産を物色している人にとっては、同じマンションでも価格の違いがよくわかる。また売りに出ていない物件だけどその住戸を指定してアプローチする人が出てくるかもしれない。

うわっ、こう考えると、けっこう大変なことが起こりそうですし、業界的には面白いツールになりそうです。こんなことを考える人はまさに不動産業界の人ではなく、理科系の「オタク」青年を彷彿《ほうふつ》とさせる人たちです。

すでに不動産仲介の世界ではソニー不動産やヤフー不動産のようにマンションの「売り」と「買い」をネット上でマッチングさせる試みがスタートしています。またVR（バーチャルリアリティ）のツールを使って、直接現地に行って物件を見なくとも部屋の中や周辺の環境を居ながらにして体感できるようになりました。

マレーシアのジョホールバルという都市はシンガポールの北側に位置し、シンガポールの住宅難を逃れてきた人たちやシンガポールに通うマレーシア人などが住宅を求めることから、数多くのコンドミニアムが建設され、その土地の値上がりを見込んで世界中から投資マネーが集まったことで有名になりました。

このコンドミニアムに対する投資はパソコンだけで決済されます。価格は物件にもよりますが、初期の頃は日本円で800万円から1000万円程度と手ごろな価格だったことも手伝って、日本人からの投資も多くありました。

またこうしたIoTの発達は、不動産賃貸借契約仲介業務などの簡素化にもつながり始めました。これまで「対面」が基本であった不動産賃貸の際の「重要事項説明」については2017年10月からITを介したテレビ会議など、システム上での説明が解禁となりました。

ホテルの宿泊業務にもAIの波は押し寄せています。ホテルは季節や曜日、天候、イベントの有無《うむ》などによって稼働率や宿泊単価に大きな変動が生じるビジネスです。以前は旅行代理店に部屋を預けて、彼らの顧客に売ってもらうという「業者任せ」というのが宿泊部門の仕事でした。したがって宿泊支配人というのはとにかく旅行代理店を接待しまくって、なるべく自分のホテルに顧客を優先して廻してもらうように取り計らうことが、重要な仕事の一つでした。

ところが、現在ではシステムにこうした変数を入れて宿泊管理を行なうようになり、旅行業者への接待はなくなりました。このレベニューマネジメントと呼ばれるシステムを操《あやつ》る人材がホテルでは重要な役割となっていたのですが、ここにAIが加わるようになり、現在は「無人」でもAIが勝手に指示を出して宿泊客を受け付けるようになってきました。

おそらく今後はビルやマンションの管理業務でも、こうしたAIによる支配が出てくるかもしれません。マンションのモンスタークレーマーも、今後はAIに逆襲される時代がやってくるのかもしれません。

不動産は安いほうが、国も民も幸せな時代へ

不動産は財産。財産だから価値がある。価値があるのだから値段は高くても当然。これまで多くの人になんとなく刷《す》り込まれてきた不動産に対する見方が今、大きく

変わろうとしています。

財産であり、大切なものであるから、その所有権は絶対的なもので他人から侵《おか》されてはならない。お金がたまったら財産である不動産を買わなければならない、いや、買わなければ損をする。

日本人が長きにわたって、いわば信仰のように不動産に対して抱き続けてきたこうした固定概念が崩れようとしています。不動産は読んで字のごとく「動かせない」ものでした。だから不動産を所有して、その不動産が持っている効用を最大限引き出していくことが大きな富を生む。人々はそのように考え、不動産を崇《あが》めてきました。

マンションを買えば、自分のマンションが値上がりしているかどうか気になって仕方がない。毎年雑誌で特集される「マンション上がる街、下がる街」が大変売れ行きが良いのも、マンションは資産だ、財産だと思っている人が相変わらず多いことの証左です。

しかし、この信仰を続けるために日本人はどれだけ人生を捧げてきたのでしょうか。この「不確かな世界」で35年もの住宅ローンを組む。返済年齢を80歳までに設定してローン返済を計算する。自分の会社が一生潰れずに元気な状態を保ち続けると信じる。口は悪いですが、「お花畑」の発想にしか見えません。

不動産を所有することが時代の変化において常にリスクヘッジとなるという根拠があれば、ローンを組んででも不動産を所有しておくことは正しい選択といえるでしょう。

しかし今の不動産は、投資マネーに支えられる一部の不動産を除いては、「実需」という最も肝心な要素がきわめて脆弱《ぜいじゃく》になっていく中で、その価値を保ち続けることが難しくなっているのです。

一方で考え方を変えてみるとそこにはまたまったく異なる新しい世界が見えてきます。不動産バブルが崩壊して、不動産価格が安くなることで、人々の生活は、人生はどう変わるでしょうか。

不動産を現在所有している人は、不動産に多額のカネを突っ込んだ人もいるでしょうし、不動産を担保にお金を借りている人もいるでしょう。彼らにとって不動産は常に「値上がり」し続けてもらわないと困ってしまうわけです。これは一種の「既得権益」のようなものです。

「地価が上がる」「賃料が上がる」というのは、こうした既得権益を持つ人々からは歓迎されるのです。また地価が下がることは国力の衰退などといって、政府に改善を求めたりするのです。

一方で不動産を現在持っていない人たちにとっては、不動産価格が下がることは朗報以外の何物でもないはずです。

自分が一生の間に稼ぐ給料債権を、すべて住宅ローンの返済のために捧げるような愚かなことをせずとも、住宅を買うことができる。余ったお金は自分のキャリアアップや彩《いろど》り豊かな人生を営むために使うことができます。

不動産が利用価値だけで評価されるのであれば、所有に拘《こだわ》らずに人生のステージに合わせて住み替えていけばよいでしょう。人生で起こる「想定外」の事象にも、住宅に縛られることなく対応できることでしょう。

新しく起業する人たちにとってはどうでしょうか。オフィスの賃料は企業にとっては重たい固定費です。固定費はなるべく軽くしたいのが本音です。固定費が少しでも軽くなればその分を研究開発費や事業開拓のための費用に充てることができます。そのお金で新たに人を雇うことができるかもしれません。不動産価格が安くて賃料が安いことは「いいことずくめ」なのです。

このように考えてくると不動産バブルが崩壊した後の日本社会は幸いなことにこの「不動産からの呪縛」から解き放たれて、新たな成長のステージに踏み出す絶好のチャンスになるのかもしれません。

私は長きにわたって不動産を取り扱う仕事をしていますが、不動産はまことに摩訶不思議でいつの時代でもどんな不動産でも興味のタネが尽きたことはありません。バブル崩壊後にまた違った顔を見せるかもしれない不動産、今から楽しみでしかたがありません。

おわりに　際限なき欲望社会の果てに

本書では「不動産バブル」というテーマで、バブルとは何か、どんな状態がバブルで、現在の日本では不動産バブルといえるような状況にあるのか、バブルがあるとしたらその特徴はどこにあり、以前の平成バブルとは何が異なるのか、仮にバブルが崩壊したらどんな状況に陥り、その後にどんな世界がやってくるのかを展望してきました。

不動産に限らず、バブルとは、「対象となるモノやカネの実際価値と、取引される価格との明らかな乖離」の状態にあることを指すものといえそうです。

その乖離の要因は、本書でも何度か触れてきた人々の「際限のない欲望」です。欲望とは自分だけが儲けたい、自分だけが良い思いをしたい、自分だけが幸せになりたいという人間の根源的かつ身勝手な思考回路の産物といえるものなのかもしれません。

そしてこの欲望を最大限に実現しようという社会システムが、「金融資本主義」と呼ばれる存在です。金融は「経済を円滑に動かす血液」としての本来の目的を離れ、

「カネがカネを生み出す」ためのマシーンと化し、「価値」と「価格」の大きな乖離を演出し、人々を惑わせています。

現代金融資本主義は、2008年にリーマン・ショックに端を発した未曽有の金融危機の発生によって一度は潰《つい》えたかのように見えましたが、10年が経過した現在、素知らぬふりをして、ふたたびその鎌首をもたげています。

リーマン当時、「ジャンクボンド」と呼ばれた信用度の低い債券は「ハイイールド債」と名前を変えただけでまた市場で持て囃されています。2017年12月、日本でも大きな話題となったビットコインに代表される仮想通貨の価値の激しい上下動は、まさにこの金融資本主義に代表される拝金主義の極みともいえるものでしょう。

人々の欲望はいつの時代も潰えることなく、そしてそこから学ぶこともないのです。

時代は製造業に代表されるハードウェアの時代から、ソフトウェアの時代に移行しました。おじさんたちの憧れだった「僕らのソニー」は、いつのまにか「ソニー生命」「ソニー損保」「ソニー銀行」が収益の半分以上を稼ぎ出す金融業に変身することで復活を果たしています。

ＡＧＦＡと呼ばれるアップル、グーグル、フェイスブック、アマゾンの各社は、いずれもこのソフトウェアの時代を代表する銘柄として急成長を果たしています。しかし、ＡＧＦＡの現在の成長スピードを支えているのは、彼らの類《たぐ》い稀《まれ》なるソフトウェア開発能力ではなく、金融資本主義によって仕掛けられた、関連企業に対する数多くのＭ＆Ａによっての成長であることも時代の象徴といえましょう。

長きにわたって超ドメスティック産業であった不動産にも、この金融資本主義は容赦なく襲い掛かっています。おそらくこれからの社会においても不動産はこの金融という怪物に翻弄され続けていくことでしょう。ということは、これからの社会でも不動産バブルは何度も生成され破裂する、を繰り返していくことと思われます。

ただし私たちが心《こころ》しなければならないのは、マネーゲームと実際の不動産の効用には常に大きな乖離があるということです。実際に自分たちの生活に寄り添う不動産は、いつの時代も不変であり、私たちにその効用を提供してくれる、身近でありがたい存在なのです。

一度「欲の皮を引っ込めて」不動産を眺めてみれば、そこにはきっとあなたにとってまた違った不動産の新しい世界が見えてくるに違いありません。また、そんな世の中が早く訪れることを期待してやまないのです。

切りとり線

★読者のみなさまにお願い

この本をお読みになって、どんな感想をお持ちでしょうか。祥伝社のホームページから書評をお送りいただけたら、ありがたく存じます。今後の企画の参考にさせていただきます。また、次ページの原稿用紙を切り取り、左記まで郵送していただいても結構です。

お寄せいただいた書評は、ご了解のうえ新聞・雑誌などを通じて紹介させていただくこともあります。採用の場合は、特製図書カードを差しあげます。

なお、ご記入いただいたお名前、ご住所、ご連絡先等は、書評紹介の事前了解、謝礼のお届け以外の目的で利用することはありません。また、それらの情報を6カ月を越えて保管することもありません。

〒101-8701（お手紙は郵便番号だけで届きます）
祥伝社新書編集部
電話03（3265）2310
祥伝社ホームページ　http://www.shodensha.co.jp/bookreview/

★本書の購買動機（新聞名か雑誌名、あるいは○をつけてください）

＿＿＿＿新聞の広告を見て	＿＿＿＿誌の広告を見て	＿＿＿＿新聞の書評を見て	＿＿＿＿誌の書評を見て	書店で見かけて	知人のすすめで

★100字書評……業界だけが知っている「家・土地」バブル崩壊

名前

住所

年齢

職業

牧野知弘　まきの・ともひろ

1959年、アメリカ生まれ。東京大学経済学部卒業。ボストンコンサルティンググループを経て、三井不動産に勤務。2006年、J-REIT（不動産投資信託）の日本コマーシャル投資法人を上場。現在はオラガHSC株式会社代表取締役としてホテルや不動産のアドバイザリーのほか、市場調査や講演活動を展開。不動産関係の数多くの著書を執筆。祥伝社新書に『空き家問題』『民泊ビジネス』『インバウンドの衝撃』などがある。

業界《ぎょうかい》だけが知《し》っている
「家《いえ》・土地《とち》」バブル崩壊《ほうかい》

牧野知弘《まきのともひろ》

2018年4月10日　初版第1刷発行
2018年6月5日　　第2刷発行

発行者……………辻 浩明
発行所……………祥伝社しょうでんしゃ
〒101-8701　東京都千代田区神田神保町3-3
電話　03(3265)2081(販売部)
電話　03(3265)2310(編集部)
電話　03(3265)3622(業務部)
ホームページ　http://www.shodensha.co.jp/

装丁者……………盛川和洋
印刷所……………萩原印刷
製本所……………ナショナル製本

Printed in Japan　ISBN978-4-396-11533-3　C0236

〈祥伝社新書〉
歴史に学ぶ

366
はじめて読む人のローマ史1200年
建国から西ローマ帝国の滅亡まで、この1冊でわかる！
早稲田大学特任教授 本村凌二

361
国家とエネルギーと戦争
日本はふたたび道を誤るのか。深い洞察から書かれた、警世の書！
上智大学名誉教授 渡部昇一

379
国家の盛衰
3000年の歴史に学ぶ
覇権国家の興隆と衰退から、国家が生き残るための教訓を導き出す！
渡部昇一
本村凌二

460
石原莞爾の世界戦略構想
希代の戦略家であり昭和陸軍の最重要人物、その思想と行動を徹底分析する
日本福祉大学教授 川田 稔

528
残念すぎる朝鮮1300年史
古代から現代までこの半島は何も変わらない。通説のウソを暴く！
東洋史家 宮脇淳子
憲政史研究家 倉山 満

〈祥伝社新書〉
生活を守るために

192
老後に本当はいくら必要か
高利回りの運用に手を出してはいけない。手元に1000万円もあればいい
経営コンサルタント 津田倫《みち》男《お》

493
「iDeCo《イデコ》」で自分年金をつくる
個人型確定拠出年金の超・実践的活用術
節税と老後資金形成のダブル効果。制度はもちろん、具体的な金融商品も掲載！
モーニングスター社長 朝倉智也

390
退職金貧乏
定年後の「お金」の話
長生きとインフレに備える。すぐに始められる「運用マニュアル」つき！
塚崎公義

231
定年後 年金前
空白の期間にどう備えるか
安心な老後を送るための「経済的基盤」の作り方とは？
経営コンサルタント 岩崎日出俊

353
気弱な人が成功する株式投資
成功した投資家たちが心がけてきた売買の基本を、初心者にわかりやすく伝授する
岩崎日出俊

〈祥伝社新書〉
教育・受験

495
なぜ、東大生の3人に1人が公文式なのか?
世界でもっとも有名な学習教室の強さの秘密と意外な弱点とは?
育児・教育ジャーナリスト
おおたとしまさ

433
なぜ、中高一貫校で子どもは伸びるのか
開成学園の実践例を織り交ぜながら、勉強法、進路選択、親の役割などに言及
開成中学校・高校校長
東京大学名誉教授
柳沢幸雄

452
わが子を医学部に入れる
医学部志願者が急増中!「どうすれば医学部に入れるか」を指南する
桜美林大学北東アジア総研
客員研究員
小林公夫

489
教育費破産
大学生の2人に1人が奨学金だのみの現状。高騰する教育費にどう立ち向かうか?
大学通信常務取締役
安田賢治

519
日比谷高校の奇跡
堕ちた名門校はなぜ復活し、何を教えているのか
公立高校一位の東大合格者急増を成し遂げた理由がここに!
日比谷高校校長
武内 彰

〈祥伝社新書〉
牧野知弘の本

228
なぜ、町の不動産屋はつぶれないのか
知れば知るほど面白い！　土地と不動産の不思議なカラクリとは……。
不動産コンサルタント　**牧野知弘**

295
なぜビジネスホテルは、一泊四千円でやっていけるのか
次々と建設されるB・Hの利益構造を明らかにし、業界の裏側をはじめて明かす
牧野知弘

371
空き家問題　1000万戸の衝撃
毎年20万戸ずつ増加し、二〇二〇年には1000万戸に達する！　日本の未来は？
牧野知弘

477
民泊ビジネス
インバウンド激増によりブームとなった民泊は、日本経済の救世主か？
牧野知弘

478
新富裕層の研究　日本経済を変える新たな仕組み
新富裕層はどのようにして生まれ、富《とみ》のルールはどう変わったのか？
経済評論家　**加《か》谷《や》珪《けい》一《いち》**